APRENDA INGLÊS COM HUMOR

ULISSES WEHBY DE CARVALHO

APRENDA INGLÊS COM HUMOR

MICOS QUE VOCÊ NÃO PODE PAGAR

1ª reimpressão

© 2012 Ulisses Wehby de Carvalho

Preparação de texto: Larissa Lino Barbosa / Verba Editorial
Capa e projeto gráfico: Paula Astiz
Editoração eletrônica: Laura Lotufo / Paula Astiz Design
Assistente editorial: Aline Naomi Sassaki
Ilustrações: Rafael Dourado
Ilustração de capa: CSA Images/Archive/Getty Images

Dados Internacionais de Catalogação na Publicação (CIP)
(Câmara Brasileira do Livro, SP, Brasil)

Carvalho, Ulisses Wehby de
   Aprenda inglês com humor : micos que você não pode pagar / Ulisses Wehby de Carvalho ; [ilustrações Rafael Dourado]. -- Barueri, SP : DISAL, 2012.

   ISBN 978-85-7844-107-4

   1. Inglês - Estudo e ensino I. Dourado, Rafael. II. Título.

12-05413   CDD-420.7

Índices para catálogo sistemático:
1. Inglês : Estudo e ensino   420.7

Todos os direitos reservados em nome de:
Bantim, Canato e Guazzelli Editora Ltda.

Alameda Mamoré 911 – cj. 107
Alphaville – BARUERI – SP
CEP: 06454-040
Tel. / Fax: (11) 4195-2811
Visite nosso site: www.disaleditora.com.br
Televendas: (11) 3226-3111

Fax gratuito: 0800 7707 105/106
E-mail para pedidos: comercialdisal@disal.com.br

Nenhuma parte desta publicação pode ser reproduzida, arquivada ou transmitida de nenhuma forma ou meio sem permissão expressa e por escrito da Editora.

À Júlia
Porque para certas coisas não há mesmo explicação.

Sumário

	Prefácio	11
	Introdução	13
	Abreviações	14
1	**Babá em Nova York**	15
2	**Que belo vestido!**	16
3	**Onde fica a privada?**	18
4	**Uma pechincha!**	19
5	**Mico na Nova Zelândia**	20
6	**Engasguei!**	22
7	**Boca-suja**	23
8	**Enrolation**	24
9	**Canela**	25
10	**É tudo bauxita!**	26
11	**Volte para o curso**	27
12	**Fotomática**	29
13	**O motivo do atraso**	31
14	**Urso vesgo**	32
15	**Debiol?**	34
16	**O Sr. Pearson**	36
17	**Comprando absorvente**	37
18	**Vaso entupido**	38
19	**Desliga isso!**	40
20	**Na rodoviária**	43
21	**Eles pensam em tudo**	45
22	**Unbelievable!**	46

23	**Na lanchonete**	48
24	**Ligação a cobrar**	49
25	**Estudar com ela**	50
26	**Está me entendendo?**	51
27	**O relógio não anda**	52
28	**O que há de errado com o meu vestido?**	54
29	**Zona na Suécia?**	56
30	**A bomba de petróleo**	57
31	**Uma dica**	58
32	**De carro na Alemanha**	60
33	**Que golaço!**	62
34	**Você mora onde?**	63
35	**Folha amarela**	64
36	**Parabéns!**	66
37	**Wannastraw?**	68
38	**Faço questão!**	70
39	**Você está trabalhando?**	71
40	**Doce de palha?**	73
41	**Ponto de interrogação**	75
42	**Febre aftosa**	76
43	**Sopa de sabão**	77
44	**Rodando**	79
45	**Você tem sede de quê?**	80
46	**Comida**	81
47	**Festa?**	82
48	**De novo!**	83
49	**Morar na farmácia?**	84
50	**Heaven knows...**	86
51	**Monstro!**	88
52	**Guloso**	89

53	**Você não tem geladeira em casa, não?**	90
54	**Stairway to Heaven**	92
55	**Gostoso pra burro!**	93
56	**Doçura imprópria**	94
57	**Mico tamanho GG**	96
58	**Manteiga ruim**	97
59	**Vamo?**	99
60	**Constipada**	101
61	**Little shirts?**	103
62	**Proposta indecente**	104
63	**Luz no fim do túnel**	105
64	**O sabonete líquido**	106
65	**Osso pra cachorro**	107
66	**O beijo inocente**	108
67	**Na loja de eletrônicos**	110
68	**Vou querer o mesmo**	111
69	**Salada bem temperada**	113
70	**Rolando de rir**	114
71	**O botão errado**	115
72	**A noiva ocupada**	116
73	**Show de bola!**	118
74	**Com a corda toda**	119
75	**Quem fala?**	121
76	**Walter, o garçom**	123
77	**24 Orelhas?**	124
78	**O sequestro**	125
79	**O sargento**	126
80	**Pôr pra dormir**	127
81	**Parafusar**	128
82	**Canibal, eu?**	129

83	**Piloto**	130
84	**Sinal de fax**	131
85	**O macaco e o mico**	132
86	**Suco de manga**	133
87	**Óculos magníficos**	134
88	**For my sister**	135
89	**Qual é o seu signo?**	137
90	**Que tosse!**	138
91	**É soda!**	139
92	**Smoke free**	141
93	**It's fricking cold!**	142
94	**Super salad?**	144
95	**Não perca o foco!**	146
96	**Pão doce?**	147
97	**É camisinha mesmo?**	148
98	**Ventilador**	150
99	**Gente, anda, levanta!**	151
100	**Bomba!**	152
101	**Perdido**	153
	Opinião	155

Prefácio

Todo processo de aprendizado pressupõe erros e equívocos de toda sorte. Seria estranho supor, portanto, que o aprendizado de línguas estrangeiras fosse diferente. Se todos nós cometemos equívocos, ninguém deve se sentir envergonhado nem incapaz diante de um tropeço, seja ele de que tamanho for.

Não se pode negar, no entanto, que alguns deslizes acabam sendo engraçados por conta de uma situação constrangedora criada por um mal-entendido linguístico. Os relatos de situações embaraçosas vividas por quem ainda não possui domínio da língua inglesa apresentados nesse livro têm exclusivamente o objetivo de divertir, ensinar e evitar que mais gente caia em armadilhas semelhantes. Em hipótese alguma, o intuito é ridicularizar quem não fala inglês, muito menos menosprezar cidadãos pertencentes à determinada região, classe social, religião, raça, cor, ou por preferência sexual. Por essas razões, nomes e e-mails de autores e protagonistas dos relatos não são divulgados neste livro, exceto nos casos em que há autorização explícita.

Se quiser compartilhar um caso semelhante conosco, envie seu relato para blooper@teclasap.com.br. Ao fazê-lo, você autoriza o Tecla SAP a publicar, sempre de forma anônima, a história no blog www.teclasap.com.br/blog e em livro eletrônico ou em papel, cedendo dessa forma todos os direitos autorais sobre o texto.

Ulisses Wehby de Carvalho

Introdução

Todas as histórias contidas neste livro foram enviadas anonimamente por leitores do *Blog Tecla SAP: Dicas de Inglês*. Elas estão sendo publicadas com a devida permissão de seus autores. Em alguns casos, foram feitos ajustes e adaptações para conferir ao texto final maior clareza e/ou adequação ao estilo da obra.

Todos os relatos de situações engraçadas e/ou constrangedoras são acompanhados de explicação. Na seção [MORAL DA HISTÓRIA], os equívocos de inglês são explicados e possíveis soluções apresentadas.

Os 25 micos do livro *Pagando Mico em Inglês*, cuja distribuição gratuita se deu até o dia 31 de maio de 2012, fazem parte deste livro. Há também alguns relatos que já foram publicados no blog. No entanto, todos os textos passaram por revisão criteriosa e, em muitos deles, foram adicionadas informações novas e explicações mais detalhadas.

Bom divertimento e bons estudos!

Ulisses Wehby de Carvalho

Abreviações

adj. = adjective / adjetivo
adv. = adverb / advérbio
AmE = American English / inglês americano
BrE = British English / inglês britânico
Cf. = *Confer* (compare)
n. = noun
s. = substantivo
v. = verb / verbo

Babá em Nova York

Esta história aconteceu com uma moça brasileira que morava em Nova York. Ela havia sido contratada por uma família americana fazia poucas semanas para trabalhar como babá. Durante esse período, ela escutou a dona da casa falando com o marido por telefone algumas vezes. Carinhosamente, a patroa sempre o chamava de *Honey*. A babá, portanto, vivia ouvindo *Honey* isso e *Honey* aquilo. Quando o marido estava em casa, era a mesma coisa: *Honey* pra cá e *Honey* pra lá. O tempo todo.

Um belo dia, a brasileira chega de manhã e percebe que a esposa havia saído mais cedo para trabalhar. O pai da criança é que estava em casa esperando a babá chegar para que ele também pudesse sair para o escritório. A brasileira teve que fazer uma pergunta ao dono da casa e disparou:

— *Mr. Honey, I would like to know if...*
— Senhor amoreco, eu gostaria de saber se...

MORAL DA HISTÓRIA

A babá (*baby-sitter*, em inglês) acabou pagando mico porque desconhecia o uso de *honey* como forma afetuosa de tratamento. Como quis demonstrar respeito, acrescentou "Mr." antes daquilo que ela supunha ser o nome do patrão. O substantivo *honey*, além de significar "mel", pode também querer dizer "querido/a", "amor", "benzinho" etc.

2

Que belo vestido!

Era a primeira vez que eu viajava aos Estados Unidos. Decidimos almoçar em um restaurante de uma famosa cadeia de *fast food*. Em vez de pedir hambúrguer, optei por uma *Caesar Salad with Grilled Chicken*, ou seja, uma Salada Caesar com Frango Grelhado, no intuito de comer de maneira mais saudável. Foi quando a garçonete me perguntou:

— *Which dressing, mam?*
— Qual o molho, senhora?

Como era verão e eu usava um vestido, respondi:

— *Oh, thank you!*
— Ah, muito obrigada!

Achei que ela estava fazendo um elogio à minha roupa. Ela, sem dar muita bola para o que tinha acabado de dizer, repetiu a pergunta:

— *Which dressing?*

Ao perceber que a minha ficha não caía, ela resolveu pegar os sachês de molho para salada e me perguntou bem didaticamente:

— *Which dressing? Italian, Blue Cheese or Ranch?*
— Qual molho: Italiano, Gorgonzola ou Caipira?

A situação pode até parecer engraçada agora, mas na hora fiquei muito sem graça... e vermelha como um tomate!

MORAL DA HISTÓRIA

Não são raras as confusões entre as palavras *dressing* (molho) e *dress* (vestido), principalmente em situações em que estamos em restaurantes e praças de alimentação, onde costuma haver muito ruído. Espero que esse relato sirva para você lembrar que, além de *sauce*, o termo *dressing* pode ser usado para dizermos "molho" na língua inglesa.

Onde fica a privada?

Paguei esse mico quando estava fazendo intercâmbio nos Estados Unidos faz alguns anos. Eu estava hospedada na casa de uma família americana. Em um fim de semana, eles resolveram me levar para jantar em um restaurante chique da cidade onde morávamos.

Conversávamos alegremente quando pedi licença, com toda a educação, para ir ao banheiro. Como eu estava querendo ser supereducada, achei melhor não usar a palavra *bathroom* porque achei que não ficaria bem. Confesso que nem me lembrei de *restroom* na hora e acabei falando assim:

— *I'd like to go to the toilet. Where is the toilet?*
— Eu gostaria de ir à privada. Onde fica a privada?

Na mesma hora, minha mãe americana arregalou os olhos e me mostrou onde ficava o banheiro. Achei estranha a reação dela, mas só fui entender o que tinha acontecido muito tempo depois, quando percebi que *toilet* queria dizer "vaso sanitário" no inglês americano! E eu achando que estava sendo educadíssima!

MORAL DA HISTÓRIA

Vale lembrar que muito embora *toilet* signifique "vaso sanitário" nos Estados Unidos, é bastante comum nos referirmos ao banheiro como *toilet* no inglês britânico.

4

Uma pechincha!

Uma turista brasileira, de classe média alta, estava na loja de uma famosa marca de bolsas em Nova York. Ela não estava pensando em comprar nada em especial, mas viu um modelo que lhe chamou a atenção e resolveu perguntar o preço. Mesmo sabendo que não falava inglês muito bem, arriscou:

— *How much?*

Ouviu da vendedora a seguinte resposta:

— *Twenty-three hundred.*

O problema é que ela ouviu só a parte final da resposta: *three hundred*. Deduziu, portanto, que o preço era trezentos dólares. Uma pechincha! Uma bolsa daquela marca por esse preço era uma oportunidade que ela não iria deixar passar. E original ainda por cima!

Ela foi correndo ao caixa e, na empolgação do excelente negócio que achava estar fazendo, acabou assinando o comprovante sem olhar. O susto só aconteceu um mês depois quando abriu o envelope da fatura do cartão.

MORAL DA HISTÓRIA

É uma pena, mas a turista brasileira não sabia que, em inglês, podemos dizer alguns números de duas maneiras distintas. Por exemplo, o algarismo 2300 pode ser lido de duas formas: *two thousand (and) three hundred* [dois mil e trezentos] ou *twenty-three hundred* [vinte e três centos].

Muito provavelmente, esta tenha sido a aula de inglês mais cara de todos os tempos!

5

Mico na Nova Zelândia

Meus pais viajavam muito. Minha mãe é fluente em inglês e alemão e papai era fluente em alemão e italiano. Seu inglês, porém, era bastante sofrível, assim ele deixava o idioma de Shakespeare para a "patroa".

Certa vez, eles foram com um casal amigo para a Nova Zelândia e, num determinado dia, decidiram ir conhecer o zoológico para ver o famoso kiwi.

Na volta, em vez de tomar um táxi, resolveram pegar o bonde, já que este os deixaria na porta do hotel e era mais "folclórico". Entraram no veículo, sentaram-se e começaram a conversar nessa nossa língua tão exótica para os de fora. Na próxima parada, sobe no bonde uma velhinha, dessas bem típicas, de boina e guarda-chuva, e se senta ao lado deles. Por não entender nada do que diziam, e não resistindo à curiosidade, ela perguntou:

— *Where do you come from?*
— De onde vocês são?; De onde vocês vêm? (lit.)

Meu pai, que nunca ousava responder, dessa vez tinha certeza absoluta da resposta. Olhou para a minha mãe, respirou fundo e, cheio de orgulho, respondeu:

— *From the zoo!*
— Do zoológico!

Não é preciso dizer que a velhinha ficou assustadíssima e só sossegou quando minha mãe corrigiu:

— *Sorry, madam, we are from Brazil.*
— Sinto muito, senhora, somos do Brasil.

MORAL DA HISTÓRIA

Não devemos confundir *Where do you come from?* [De onde vocês são?] com *Where are you coming from?* [De onde vocês estão vindo?].

Engasguei!

Eu estava fazendo um curso de imersão e havia um aluno de nível bastante básico na turma. No intervalo da aula, a professora perguntou a esse aluno:

— *Would you like some water?*
— Você quer um pouco de água?

Ele pensou um pouco e respondeu:

— Av. Coronel Mansur, 44.

Olhei para a professora e não pude evitar; saí da sala e dei muita risada. Foi muito engraçado. Depois, quando a professora explicou para ele que estava apenas oferecendo água, ele também não resistiu e caiu na risada. Algumas frases confundem mesmo, até em português, e no final dão boas piadas.

MORAL DA HISTÓRIA

Deduzo que a junção de *some water* deve ter dado a impressão para esse aluno de que a professora estava dizendo "você mora" ou "cê mora".

A explicação mais provável para a reação dele é o efeito de puro nervosismo, inerente a situações como a descrita acima. Essa tensão exagerada pode nos levar a cometer equívocos que normalmente não cometeríamos. O importante é, portanto, procurar estar relaxado e consciente de que os erros são parte integrante de qualquer processo de aprendizado.

Se você já passou por situação embaraçosa semelhante, não deixe que ela aumente seu medo de errar. Só aprende de verdade quem erra bastante. Relaxe!

Boca-suja

Eu estava nos Estados Unidos participando de um programa de intercâmbio. Eu tinha certo conhecimento da língua inglesa, pois já havia estudado durante três anos. No entanto, havia muitas palavras que eu ainda não conhecia.

Um dia, vi algumas pessoas conversando sobre como era errado *swear*. Eu só conhecia o sentido "jurar" da palavra inglesa. Confesso que achei estranho o fato de as pessoas estarem tão indignadas pelo simples ato de jurar, talvez por alguma razão religiosa ou ética que eu não compreendia. Então, resolvi intervir na conversa e defender o ato de *swear*.

— Mas o que há de tão errado nisso?
— É muito feio. Por quê? Você faz isso?
— Sim, o tempo todo! Por que não?

Minha defesa se prolongou um pouco mais. Vi as pessoas olharem para mim de forma estranha, mas deixei para lá. Mais um choque cultural, pensei.

Algum tempo depois de voltar para o Brasil, descobri o outro significado da palavra: "falar palavrão"! Só que já era tarde demais para apagar minha imagem de boca-suja.

MORAL DA HISTÓRIA

Esse é mais um erro bastante comum entre as pessoas que não têm domínio da língua inglesa. É muito fácil nos deixarmos enganar pelo fato de não conhecermos uma acepção de um termo. O caso é mais uma prova de que o contexto é soberano nesses casos. Se alguma coisa não soa bem, não se encaixa ou não faz muito sentido, pare, reflita e aguarde mais informações antes de tirar conclusões.

Enrolation

Certa vez, no curso de inglês de nível básico, a professora nos perguntou se alguém sabia o significado de "padaria" em inglês. Um dos alunos, se achando o sabichão foi lá e lascou:

— *Paraurria!*

Ele simplesmente mudou a pronúncia da palavra "padaria" e achou que estava falando inglês.

Resultado: mesmo sendo uma turma de iniciantes, a sala veio abaixo! Todos explodiram de rir e, quando a professora explicou que "padaria" era *bakery*, ele ficou todo sem graça.

MORAL DA HISTÓRIA

Ousadia é quesito fundamental para quem está aprendendo um novo idioma. Engana-se quem acredita que vai viver esse processo na sua totalidade sem cometer erros. Um pouquinho de moderação, no entanto, nunca é demais! Não ter medo de se arriscar é uma coisa, *enrolation* é outra bem diferente.

Canela

Uma brasileira, que estava morando em Miami fazia pouco tempo, foi fazer compras em um supermercado. Um dos itens de sua lista era canela. Como ela não estava encontrando o produto na prateleira, resolveu pedir ajuda a um funcionário. Assim que chamou o rapaz, ela se deu conta de que não sabia dizer "canela" em inglês. Na tentativa de solucionar o impasse, ficou apontando para a própria canela dizendo várias vezes:

— *I want this! I want this!*
— Eu quero isso! Eu quero isso!

Imagine a cara de espanto do atendente!

MORAL DA HISTÓRIA

Para falar "canela" em inglês, diga *cinnamon*, se estiver se referindo à especiaria, ou *shin*, para designar a parte da perna que fica entre o joelho e o pé. Gosto desta definição bem-humorada de "canela":

Shin: A device for finding furniture in the dark.
Canela: um dispositivo para se encontrar móveis no escuro.

Para dizer "caneleira" em inglês, use a expressão *shin guard*. O romance de Jorge Amado "Gabriela, cravo e canela" é *Gabriela, Clove and Cinnamon* na língua inglesa. Acho que depois dessas dicas, você não vai confundir as duas palavras, vai?

10

É tudo bauxita!

Essa situação realmente não aconteceu comigo, mas com um brasileiro encarregado de mostrar a acionistas americanos onde ficavam os platôs de bauxita de uma empresa de mineração. A visita aconteceria nas reservas localizadas na região amazônica, no oeste do Pará.

Como o anfitrião não sabia pronunciar *bauxite*, o discurso dele foi mais ou menos assim:

— Gentlemen, if you look around you, you'll see bullshit everywhere. On your left is bullshit, on your right is bullshit, in front of you there's even more bullshit. Everything here is bullshit! And this bullshit is all yours!

— Senhores, se olharem à sua volta, verão merda para todos os lados. À sua esquerda tem merda, à sua direita tem merda, à sua frente tem mais merda ainda. Só tem merda aqui! E toda essa merda é sua!

MORAL DA HISTÓRIA

A pronúncia correta de *bauxite* é /BÓK sait/. Se tiver acesso à internet, consulte um dicionário online para ouvir a pronúncia da palavra.

A tradução literal de *bullshit* é "bosta de touro", mas, em linguagem coloquial, o termo quer dizer "merda" mesmo, no sentido de "bobagem", "besteira", "idiotice" e demais sinônimos. A abreviação *BS* é eufemismo também bastante comum na língua inglesa.

11

Volte para o curso

Eu estava fazendo um curso de piloto privado em Boston no ano de 2005 e um dia fui fazer um voo para Albany, no estado de Nova York. Tudo foi muito bem na ida, desci no aeroporto etc. e decolei com destino a Lawrence, no estado de Massachusetts. Depois de meia hora de voo, muito feliz da vida, conversando sempre com os controladores pelo rádio, recebo chamado para mudar minha direção por causa de um show de paraquedismo que estava acontecendo naquela região. Eles me passaram as coordenadas e eu, é claro, segui as instruções à risca.

Vinte minutos depois, me chamaram pelo rádio novamente e falaram:

— *Piper N3YZ, you can resume your course now.*
— Piper N3YZ, você já pode retomar seu curso.

Eu simplesmente disse:

— *Piper N3YZ, over.*
— Piper N3YZ, câmbio.

Continuei na mesma direção pensando: "Quando será que vou poder voltar para meu curso normal?". Uma meia hora depois, o mesmo controlador me chamou e disse:

— *N3YZ, I thought you were heading to Lawrence.*
— Pensei que você estivesse indo para Lawrence.

Eu respondi imediatamente:

— *Yes, I am!*
— Estou, sim!

Só quando ele me deu as coordenadas para Lawrence, fui entender que *resume* significa "retomar", "reassumir" etc. A minha sorte é que estava sozinho, voando a 5000 pés, tinha combustível suficiente e o controlador não entendeu o meu mico.

MORAL DA HISTÓRIA

Ainda bem que a história acima teve um final feliz. Espero que você não tenha que pagar nenhum mico de inglês, muito menos um parecido com o descrito acima. *Safe travels!*

Fotomática

Ulisses Wehby de Carvalho

Sempre que precisei tirar fotos 3X4 no Brasil, procurava por uma "Fotomática", esse quiosque que encontramos por toda parte. Você chega e a mocinha faz tudo: ajusta a altura do banco, ajeita o colarinho da camisa, dá uns pitacos sobre o cabelo etc. Você se senta, capricha na pose e aguarda em pânico pela *flashada* (a flechada do *flash*) nos olhos. Depois, ainda meio cego, você fica esperando ansioso pelo resultado enquanto a tira sai da máquina e fica secando um pouco. A atendente corta as três fotos com maestria e as coloca num saquinho para você. Além de pagar, seu único esforço é o de não fechar os olhos na hora do flash.

Logo que cheguei ao Canadá em 1995, precisei de fotos 3×4 para me inscrever em uma liga amadora de futsal. Não haveria nenhum problema porque eu já tinha visto uma dessas máquinas na estação de metrô perto de casa. Ao chegar ao local, me deparei com o aparelho ligado, mas a mocinha não estava lá. Achei que ela tinha saído para tomar um café ou ir ao banheiro e resolvi esperar.

Para matar tempo, fiquei observando o que estava à minha volta, a arquitetura, as pessoas sempre apressadas etc. De repente, avisto o cartaz na própria Fotomática dizendo que as fichas estavam à venda na banca de jornal ao lado. Pensei comigo: "Hum, ficha?" e concluí: "Ah, aqui é tudo *self-service*, como no posto de gasolina!" Sempre avesso a manuais, me dirigi à banca, comprei a fichinha e voltei à máquina sem dar muita bola para o resto das instruções.

Ajeitei o banco, o colarinho e o que me restava do cabelo. Fiz cara de bom moço, apertei o botão e me esforcei para não fechar os olhos. A *flashada* certeira não demorou a chegar... uma, duas, três, quatro vezes! Não estava entendendo mais nada! A tira que saiu da máquina aparece ao lado.

Foi nessa hora que a minha ficha desistiu de desafiar a lei da gravidade. Descobri que, em terras canadenses, são quatro fotos diferentes – quatro poses – e não três cópias idênticas da mesma foto, como no Brasil. Voltei à banca para comprar outra ficha.

MORAL DA HISTÓRIA

Não tem moral da história. Precisa?

O motivo do atraso

Eu estava em Manchester, na Inglaterra, e havia combinado de me encontrar com um amigo inglês para um almoço no centro da cidade. Acabei me atrasando um pouco porque fiquei esperando o ônibus, que não vinha nunca. Quando finalmente cheguei ao local combinado, tentei explicar o motivo do atraso. Disse que o ônibus tinha demorado muito e que, por essa razão, *I got late*.

O problema é que do jeito que falei, ficou parecendo que eu havia dito *I got laid*. Ele começou a rir na hora e me perguntou com quem eu estava. Respondi que estava sozinha em casa. Depois de rir ainda mais, ele me explicou que *I got laid* significa "transei", algo como "me dei bem" com o sentido, é claro, de "fazer sexo".

MORAL DA HISTÓRIA

Nunca é demais repetir que cometer erros no aprendizado de um idioma estrangeiro é a coisa mais natural do mundo. Não há razão para se sentir mal nem incapaz. Quem não erra, não evolui e ponto final. É claro que alguns desses deslizes chegam a ser engraçados e acabam nos colocando em situações constrangedoras, como na história acima. Procure aceitar essas mancadas como parte integrante do processo e toque o barco. Lembre-se de que não faz mal rir de si mesmo de vez em quando. Garanto que você não vai se esquecer da lição aprendida e não vai cometer o mesmo equívoco de novo.

Como o assunto é sexo, vale lembrar que existem duas expressões que geralmente causam confusão para o aluno brasileiro: *make love* [fazer amor] e *have sex* [fazer sexo]. Em português, usamos o mesmo verbo, "fazer", mas, em inglês, usamos dois diferentes: *make* e *have*. Ah, e não se esqueça de *wear a condom* [usar camisinha]!

14

Urso vesgo

Quando cheguei ao Canadá em 1995, a cantora e compositora Alanis Morissette começava a fazer muito sucesso. Fiquei impressionado quando ouvi pela primeira vez a canção "You Oughta Know", do álbum *Jagged Little Pill*. Era realmente uma febre porque, onde quer que eu estivesse, no táxi, na academia, no restaurante etc., essa música chegava aos meus ouvidos.

Confesso que, no começo, não dei muita bola para a letra, mesmo porque a ouvia em ambientes com muito ruído e não era possível prestar atenção para tentar entender o que ela dizia. Um trecho da letra, entretanto, me chamou a atenção. Por que razão alguém daria a ela um urso estrábico? Depois, descobri que ela cantava o seguinte:

It's not fair, to deny me
Não é justo, rejeitar.

Of the cross I bear that you gave to me
A cruz que carrego, que você me deu

E eu havia entendido *cross-eyed bear* [urso vesgo]! Vai entender...

MORAL DA HISTÓRIA

O que aconteceu nesse episódio nada mais é do que um virundum, ou seja, a interpretação errada de uma ou mais palavras, geralmente em letras de música. Um exemplo desse tipo de equívoco é confundir "biquíni" com "B.B. King". É óbvio que a letra da canção "Noite do Prazer" de Cláudio Zoli não tem nada a ver com traje de banho!

A madrugada, a vitrola
Rolando um blues
Tocando B.B. King sem parar

Você também achava que o certo era "Trocando de biquíni sem parar"? Pode confessar! Juro que não conto para ninguém! ;-) Nunca se esqueça de que contexto é tudo. Sempre!

Debiol?

Em uma das primeiras vezes em que estive nos Estados Unidos, tive dificuldade de entender o que me dizia o atendente de uma conhecida rede de lanchonetes. Após fazer meu pedido, ele me perguntou alguma coisa que me soava assim:

— *Debiol?*

Como a pergunta não fazia nenhum sentido para mim, pedi para ele repetir. De novo, entendi a mesma coisa:

— *Debiol?*

Eu não estava entendendo por que motivo ele falava sempre da mesma maneira, sem demonstrar nenhuma boa vontade de facilitar a vida do turista confuso. Por sorte, estava comigo o filho de uma amiga que morava lá havia muito tempo e ele me explicou o que o balconista estava dizendo. A frase era simplesmente a seguinte:

— *Would that be all?*
— É só isso?; Mais alguma coisa?

{ MORAL DA HISTÓRIA }

Não tem jeito mesmo, pois nessas situações incomuns para uma pessoa (o/a turista), porém corriqueiras para outra (o/a atendente), o risco de não se entenderem é muito grande. Além disso, já entramos nesses estabelecimentos pressionados pela correria inerente a uma lanchonete do tipo *fast food*. O adjetivo *fast* [rápido] não está aí por acaso. A pressa é a do próprio balconista, a dos outros clientes que aguardam impacientemente na fila e a nossa própria, gerada pela fome ou pelo medo de fazer feio. A receita para uma saia justa já está pronta.

Sugiro que você faça uma preparação prévia. Pense em como vai fazer o pedido, leia o cardápio com atenção, repita a frase algumas vezes para si mesmo e antecipe as prováveis perguntas do vendedor. As frases mais frequentes nessas situações são as seguintes:

— *For here or to go?*
— Vai comer aqui ou é para viagem?

— *Small, medium or large?*
— Pequeno, médio ou grande?

— *Would you like fries with that?*
— Fritas acompanham?

— *What kind of sauce?*
— Que molho?

— *Would/Will that be all?*
— É só isso?

Boa sorte e bom apetite!

16

O Sr. Pearson

Nem sempre os micos de inglês são causados por desconhecimento linguístico. A falta de informação pode ser a razão, como nesta história que aconteceu comigo no aeroporto de Toronto.

Sabemos como são cansativas as viagens internacionais, esperas em aeroportos, filas na imigração etc. Eu e minha ex-esposa estávamos chegando para uma longa temporada em que ela iria fazer seu doutorado. Portanto, o nível de ansiedade e estresse era um pouco maior do que o normal.

Depois de sermos questionados por um funcionário carrancudo durante muito tempo, finalmente ele resolveu carimbar nossos passaportes e autorizar nossa entrada no país. Li em seu crachá os dizeres:

Lester Pearson
International Airport

Com uma sensação de alívio enorme, disparei sem pensar:

— *Thank you very much, Mr. Pearson!*
Muito obrigado, senhor Pearson!

Seguimos em frente e nunca mais voltei a pensar no episódio.

Meses depois, eu estava assistindo ao telejornal quando ouço a repórter dizer o seguinte:

— O Aeroporto Internacional Lester Pearson permanece fechado devido a forte nevoeiro…

Quase caí do sofá de tanto rir!

MORAL DA HISTÓRIA

Lester Pearson foi o Primeiro-Ministro canadense de 1963 a 1968.

Comprando absorvente

Morei nos Estados Unidos durante o período em que meu marido foi fazer pós-graduação. Um belo dia, precisei comprar absorvente e fui à farmácia. Como eu não sabia como dizer "absorvente" em inglês, tentei encontrar outras formas para me comunicar com o balconista. Por mais que tentasse, eu não conseguia me fazer entender. Então, não tive dúvida, coloquei a mão entre as pernas e disse:

— *Please I am bleeding!*
— Por favor, estou sangrando!

É claro que saí de lá com o que queria!

{ MORAL DA HISTÓRIA }

Para se dizer "absorvente" em inglês, as opções são *pad*, *sanitary pad*, *sanitary napkin* e *Kotex* (marca). Se for absorvente interno, diga *tampon*.

Vaso entupido

Um amigo de meu pai estava passando férias em um país do leste europeu. A viagem estava transcorrendo na mais perfeita normalidade até uma noite em que o vaso sanitário do quarto do hotel em que estava entupiu. Pensando que sabia tudo de inglês, esse amigo não titubeou e ligou para a recepção. Na tentativa de explicar o que estava acontecendo para o atencioso recepcionista, disse o seguinte:

— *Good evening.*
— Boa-noite.

— *Good evening. May I help you?*
— Boa-noite. Em que posso ajudar?

— *Yes.*
— Sim.

— *Ok, what seems to be the problem, sir?*
— Pois não, qual é o problema, senhor?

— *Hmm…*

Na hora de dizer que o vaso sanitário estava entupido, ele empacou porque não sabia como dizer "entupido" nem "vaso sanitário". Acabou dizendo:

— *Yes. Yes. I have a problem.*
— Estou com um problema.

Quando questionado para especificar o problema, tentou explicar da melhor maneira possível e mandou:

— *The shit don't go.*
— A merda não vai.

Dois colegas dele, que também acompanhavam a conversa, caíram na risada, já que não havia maneira pior para ele se expressar. Entretanto, o pior ainda estava por vir.

Minutos mais tarde, aparece um funcionário do hotel, pensando que resolveria o problema. O tal funcionário chega munido de laxantes para a tal *shit* que não ia embora.

Todos riram muito e o problema do vaso sanitário só foi resolvido mais tarde. Os amigos voltaram ao Brasil com muitas histórias para contar.

MORAL DA HISTÓRIA

As palavras que o protagonista procurava são *clog* e *toilet*, cujas traduções mais comuns são "entupir" e "vaso sanitário". Como *clog* é verbo regular, a forma equivalente a "entupido" é *clogged*. A solicitação do serviço poderia ter sido feita das seguintes maneiras:

— *Could you please send someone over to my apartment to unclog the toilet?*

— Você poderia pedir para alguém vir desentupir o vaso sanitário do meu apartamento?

— *The toilet in my apartment is clogged. Can you please send someone to clear it?*

— O vaso sanitário do meu apartamento está entupido. Você pode, por favor, mandar alguém para desentupi-lo?

As palavras *plunger*, "desentupidor" e *plunge*, que é "desentupir" usando, é claro, o desentupidor, poderiam também ser usadas em situações semelhantes. O substantivo *clog*, além de significar "entupimento", pode também querer dizer "tamanco". Mas aí a história não seria tão engraçada...

Desliga isso!

do blog Viagem aos Estados Unidos

Pick up significa "atender o telefone" e *hang up* significa "desligar o telefone". Eu já sabia disso quando viajei para os Estados Unidos, mas sempre fiz confusão com as duas expressões. Foi só depois de pagar um mico do tamanho de um gorila que assimilei a diferença. Eu estava trabalhando na recepção do Hotel Mountain Inn. Eram umas oito da noite. O telefone da recepção tocou. Era uma hóspede ligando de um dos apartamentos:

— Recepção. Boa-noite.
— Me desculpe. Eu liguei sem querer. É que recebi uma ligação internacional e acabei apertando um botão e a ligação caiu aí com você. Agora já estou falando com minha amiga.

Nisso, uma terceira voz apareceu no telefone. Era a amiga da hóspede:

— Alô? Alô?

Tentei falar com essa terceira voz. Eu não entendia direito o que acontecia:

— Alô. Em que posso ajudar?

Então a hóspede voltou a falar:

— Como te falei, estou com minha amiga do exterior no telefone. Você pode *hang up* [desligar].

Eu já disse que *hang up* significa "desligar o telefone". Por confusão minha, pensei que a hóspede queria que eu atendesse a ligação do exterior. Foi o que fiz:

— Pois não? Em que posso ajudar?

A terceira voz falou:

— Quem está falando?

Novamente a hóspede falou:

— Eu disse *hang up* [desligue o telefone]!

Eu continuava entendendo que ela queria que eu atendesse a ligação. A cada vez que ela dizia *hang up*, eu entendia: "atende!".

— Estou tentando, senhora!
— Como assim está tentando? Desliga!
— Como assim? Como?
— Apenas desligue!

A terceira voz continuava falando:

— Alô? Alô?

Ela continuava falando "desligue", mas eu continuava entendendo "atenda", principalmente porque a terceira voz ficava dizendo "alô". Falei para a hóspede:

— Eu estou tentando atender a sua amiga. Mas não dá para falar com as duas ao mesmo tempo.

A terceira voz continuava dizendo alô. De repente, pensei que a terceira pessoa poderia não estar me ouvindo e que a hóspede estava me dizendo para apertar algum botão.

— Desligue!

— Estou tentando!

Comecei a apertar todos os botões do telefone, um de cada vez.

— O que você está fazendo?
— Estou tentando *hang up*.
— Mas qual é a dificuldade de se desligar o telefone? É só desligar!
— Você pensa que é fácil, né?

Ela começou a rir.

— Eu não acredito nisso! Ok, preste atenção: simplesmente desligue!
— É isso que eu estou tentando fazer, mas não é fácil.
— Hahaha! Ai, meu Deus! Desliga isso aí.
— Senhora, estou fazendo o melhor que posso.
— Ai, ai, ai! Hahaha! Por que é tão difícil? É só desligar o telefone!
— Não é assim… esse aparelho é complicado! Às vezes dá problema!
— Hahaha! Vamos passar o dia aqui. Você não sabe desligar o telefone?
— Não, senhora. Eu já vou resolver.

Enquanto a terceira voz continuava dizendo "alô", a minha ficha caiu. Ela estava dizendo *hang up*, e não *pick up*.

— Senhora, achei o botão! Vou desligar. Até mais. Sinto muito!

MORAL DA HISTÓRIA

Não tem moral da história. Precisa?

Na rodoviária

Eu estava em Londres e havia me programado para viajar de ônibus para Liverpool. Como de costume, acabei perdendo a hora e fiquei desesperada. Um amigo australiano, que iria me acompanhar até a rodoviária, me convenceu, após muito esforço, a tentar trocar a passagem. Naquela época, eu acreditava que os ingleses eram muito rigorosos com essas coisas de horário e confesso que me deu vergonha de ir pedir para trocarem o bilhete. Na minha cabeça, seria um processo muito complicado e me daria mais dor de cabeça.

Como esse amigo insistiu muito, fui ao guichê e tentei explicar o meu caso. Eu disse o seguinte:

— *Oh, I lost my bus! Could you change my ticket?*
— Ah, perdi meu ônibus! O senhor poderia trocar a minha passagem?

O homem no guichê, muito simpático, sorriu e me disse:

— *Yes, of course!*
— Claro que sim!

Mas antes de me dar outra passagem, ele parou, olhou para mim com um leve sorriso e perguntou:

— *So, how did you lose your bus? It's a huge bus, you know? It's quite difficult to lose such a big thing.*
— Então, mas como você conseguiu perder o ônibus? É um ônibus enorme, sabia? Não é fácil perder uma coisa assim tão grande.

Sem entender o que havia de engraçado na história, fiquei tentando explicar o que havia acontecido, ou seja, que eu tinha perdido a hora e, consequentemente, o ônibus. Mas os dois continuavam rindo. Finalmente, o australiano me explicou:

— *You 'miss' your bus. You don't 'lose' your bus!*
— Você perde o ônibus. Você não perde o ônibus!

MORAL DA HISTÓRIA

O motivo da confusão já foi explicado no relato acima. Vale lembrar, no entanto, de que não há regra infalível para sabermos quando devemos usar *lose* ou *miss*. Seguem alguns exemplos: *lose hope* [perder a esperança], *lose one's temper* [perder a paciência], *lose heart* [perder a coragem], *miss class* [perder a aula], *miss an opportunity* [perder uma oportunidade], *miss / lose a chance* [perder uma chance].

A frase *You just missed your father!* é dita à filha ou ao filho que chega a um lugar procurando o pai, mas ele acabou de sair. Por outro lado, *You just lost your father!* quer dizer "Seu pai acaba de falecer". Todo cuidado é pouco nessas horas! A construção *I miss my father* quer simplesmente dizer que você tem saudade dele sem deixar claro se ele é vivo ou já faleceu.

Como vamos saber então quando usar uma ou outra opção? A saída nesses casos é estarmos o maior tempo possível em contato com a língua estrangeira para que possamos assimilar tais sutilezas. Essa exposição se dá por meio de livros, revistas, jornais, cinema, música, televisão, internet etc., além, é claro, de aulas de inglês. De forma gradual e quase imperceptível, você irá aprender a escolher a opção ideal.

Eles pensam em tudo

Um casal de brasileiros, que havia chegado fazia pouco tempo aos Estados Unidos, foi ao supermercado fazer compras em um sábado à tarde. Tranquilamente, eles foram colocando as mercadorias no carrinho como sempre fizeram na época em que moraram no Brasil.

Com medo de não terem o dinheiro suficiente para pagar a compra, o marido foi fazendo o cálculo dos itens que estavam comprando. Quando chegou ao caixa, ele percebeu que o total tinha sido maior do que o previsto. Ele então perguntou à caixa porque o valor era maior, já que o cálculo tinha sido feito com bastante cuidado. Ele chegou até a pensar que poderiam estar sendo enganados.

A moça do caixa explicou:

— *That includes taxes!*
— No total estão inclusos os impostos!

O marido, muito surpreso, virou-se para a esposa e disse:

— Que legal! Aqui eles pensam em tudo. Incluem até o táxi!

MORAL DA HISTÓRIA

A confusão feita pelo protagonista desse episódio foi com a palavra *tax*, um falso cognato bastante conhecido. O termo, ao contrário do que muitos podem pensar, não significa "táxi" nem "taxa". Sua tradução mais comum é "imposto" ou "tributo".

22

Unbelievable!

Essa história aconteceu com uma amiga que, apesar de não falar quase nada de inglês, viajava para os Estados Unidos com frequência. Um dia, em Nova York, enquanto almoçava com a família, percebeu que um rapaz comia sua refeição na mesa ao lado e de vez em quando coçava o nariz de uma maneira, digamos, pouco educada. Como o jovem não parava de cutucar o nariz, ela se aproximou da mesa dele e, num misto de revolta e nojo, disse em alto e bom som:

— *This is inacrediteibou!*

MORAL DA HISTÓRIA

É claro que a palavra "inacrediteibou" não existe na língua inglesa. Esse é mais um daqueles casos em que uma reação intempestiva fez com que ela cometesse o equívoco. Em momentos de tensão, não é raro cometermos deslizes semelhantes. Afinal de contas, não somos treinados em sala de aula para enfrentarmos situações inusitadas como a que aconteceu naquele restaurante.

As seguintes sugestões, entre outras, poderiam ser usadas em situações como a vivida pela protagonista da história:

— *This is unbelievable!*
— É inacreditável!

— *That is gross!*
— Que nojento!

— *Gross!*
— Que nojo!

Lembre-se de que *gross* é palavra que também significa "bruto", como na expressão *Gross Domestic Product*, equivalente a "Produto Interno Bruto". Em ambos os significados, a pronúncia de *gross* não rima com *boss*. O som da letra "o" em *gross* é equivalente ao ditongo "ou" em "estou".

Na lanchonete

Alguns anos atrás, viajei para a Flórida para conhecer a Disney com uma amiga. No terceiro dia da viagem, estávamos em um restaurante do tipo *fast food*, tão comuns nos Estados Unidos. Essa amiga vai ao balcão pedir um refrigerante. A atendente responde com a seguinte pergunta:

— Buraquim?

Sem entender nada, minha colega ficou parada com cara de paisagem olhando para a balconista. A moça repetiu a pergunta:

— Buraquim?

Como não estavam se entendendo, ela pediu para que a moça repetisse mais devagar. Pegando os respectivos produtos e apontando-os para a cara de surpresa dessa amiga, a coisa saiu didaticamente assim:

— *Bottle or can?*
— Garrafa ou lata?

{ MORAL DA HISTÓRIA }

Quando faladas rapidamente, as palavras *bottle or can?* [garrafa ou lata?] podem confundir os brasileiros que não estão acostumados com o sotaque americano.

Ligação a cobrar

Dois primos viajaram aos Estados Unidos a passeio. Um deles dominava o inglês, mas o outro não falava quase nada e, além disso, tinha muita vergonha. Certa noite, no quarto do hotel, aquele que quase não falava inglês precisou fazer uma ligação para o Brasil. Inseguro para falar com a telefonista, pediu auxílio para seu companheiro de quarto, o outro primo.

Na intenção de auxiliá-lo a romper a barreira que existia em relação ao idioma, o que sabia inglês se negou a ajudar. Sem opção e gaguejando muito, o rapaz tímido pediu à telefonista o seguinte:

— *I want a Connecticut to Brazil, please.*

Não preciso dizer que a gargalhada do outro acabou criando um trauma ainda maior. Em tempo, ele queria mesmo era fazer uma "ligação a cobrar", em inglês, *a collect call*.

MORAL DA HISTÓRIA

As expressões *collect call* ou *to call collect* são mais comuns no inglês americano. No inglês britânico, prefira *reverse the charges*.

Estudar com ela

Fiz intercâmbio nos Estados Unidos alguns anos atrás. Logo nos primeiros dias de aula, comecei a sair com uma menina da escola. Saíamos juntos só de vez em quando. Um belo dia, meus amigos resolveram me dar uma dica que eu não entendi na hora. Eles me disseram o seguinte:

— *Ask her to go steady with you.*
— Peça a moça em namoro. / Pergunte se ela quer namorar firme.

Entendi que era para convidá-la para *study with me* [estudar comigo]. Apesar de não entender direito o porquê, acabei fazendo o convite. Ela aceitou, mas fiquei com a pulga atrás da orelha.

Depois de mais ou menos uns 15 dias, comentei com esses amigos que eu não tinha entendido por que motivo eles queriam que eu estudasse com ela. Foi aí que descobrimos que eu não tinha entendido nada. Rimos muito com a confusão.

MORAL DA HISTÓRIA

Nosso personagem confundiu a expressão *go steady* [namorar; namorar firme] com *go study* [ir estudar]. Espero que eles sejam felizes para sempre!

Está me entendendo?

Moro há muito tempo nos Estados Unidos e soube de uma história muito engraçada que aconteceu com um brasileiro que havia chegado ao país não fazia muito tempo. Ele era mineiro e trabalhava como lavador de pratos em um grande restaurante. Como fazia pouco tempo que estava trabalhando ali, ele não soube o que fazer quando a pia entupiu. Para piorar ainda mais a situação, ele praticamente não falava nada de inglês. Seu chefe, um americano que falava muito rápido, começou então a explicar o que deveria ser feito e, quando percebeu que a comunicação era difícil, perguntou:

— *Do you know what I mean?*
— Você está me entendendo?

O lavador de pratos achou que havia entendido a mensagem e disse para os outros colegas brasileiros que assistiam à cena:

— Ah, já entendi! Ele está dizendo que tem que colocar um araminho no ralo!

MORAL DA HISTÓRIA

As pessoas nascidas no estado de Minas Gerais possuem uma maneira muito peculiar de pronunciar os diminutivos. Dizem "pãozim" (pãozinho), "meninim" (menininho), "dinheirim" (dinheirinho) etc. A confusão ocorreu quando o lavador de pratos ouviu a frase *what i mean*, que é pronunciada /uaraimin/, e a associou com "aramim" (araminho).

O relógio não anda

Alguns dias depois de ter desembarcado nos Estados Unidos, resolvi comprar um relógio de presente para minha irmã. Quando voltamos para casa, percebi que ele não estava funcionando direito. Voltamos à loja na mesma hora para trocá-lo, mas como eu ainda não falava inglês muito bem, disse ao vendedor o seguinte:

— *The watch doesn't walk.*
— O relógio não caminha.

Ele não conseguiu segurar o riso. Depois de alguns segundos, ele nos disse:

— *It really doesn't walk because it doesn't have legs!*
— Ele não caminha porque não tem pernas!

Imagine a minha cara de tonta no meio de várias pessoas rindo de nós duas.

{ MORAL DA HISTÓRIA }

A personagem principal da história acima tentou dizer, é lógico, que o relógio não andava, expressão muito usada no Brasil. Ela poderia ter falado qualquer uma dessas alternativas:

— *The watch doesn't work.*
— O relógio não funciona. / O relógio não anda.

— *This watch is out of order.*
— Este relógio está quebrado.

Deslizes dessa natureza acontecem até mesmo com quem tem bastante experiência na língua inglesa. Não devem, portanto, causar maiores constrangimentos para ninguém. Nunca é demais repetir que os erros são parte integrante de qualquer aprendizado. Tem maiores chance de sucesso quem verdadeiramente aceita esse fato e segue em frente.

28

O que há de errado com o meu vestido?

O episódio que vou contar aconteceu no primeiro ano em que morei nos Estados Unidos. A data era 4 de julho, dia em que o Brasil enfrentaria a seleção americana, em partida pelas oitavas de final da Copa do Mundo de 1994. Como sabemos, comemora-se a Independência dos EUA no dia 04 de julho. Pelo fato de o país estar em festa, com fogos de artifício pipocando a todo instante, até cheguei a pensar que o jogo era o motivo de tanta alegria. Essa pode até ser considerada a minha primeira bola fora porque, como se sabe, os americanos preferem outros esportes.

Na hora do almoço, fui sozinha a um restaurante tipicamente americano. Eu estava vestida de verde e amarelo, como uma autêntica torcedora da seleção canarinho. A simpática garçonete me trouxe a salada e me perguntou:

— *What kind of dressing would you like?*
— Que tipo de molho a senhora gostaria?

Como eu só havia entendido a palavra *dressing*, é lógico que a frase ficou sem sentido para mim. A moça repetiu a pergunta e eu disparei:

— *What's wrong with my dress? I'm happy... for Brazil.*
— O que tem de errado com o meu vestido? Estou feliz... pelo Brasil.

É claro que ela não entendeu nada e acabou me trazendo a salada com um molho qualquer, que eu nem me lembro qual foi. Naquela época, eu nem mesmo conhecia os tipos de molho mais comuns. Comi o que ela me trouxe e me dei por satisfeita. Só muito tempo depois, descobri que ela não estava implicando com a minha roupa.

MORAL DA HISTÓRIA

Você já deve ter percebido que a confusão foi causada para palavra *dressing*, que significa "molho" e, é claro, não tem nada a ver com *dress*, que você já sabe que é "vestido". Ela costuma também aparecer na expressão *salad dressing*, cujo significado é "molho para saladas".

Zona na Suécia?

Falo e entendo inglês relativamente bem, mas como essa língua é traiçoeira! Em viagem à Suécia, resolvi fazer um *city tour* em Estocolmo, a capital do país. Em determinado momento do passeio, quando caminhávamos pelo centro da cidade, o guia fala para o grupo de turistas:

— *Here was the old market, and just beside it, the 'zona'.*
— Aqui ficava o antigo mercado e, ao lado, a zona.

Será que ele falou "zona" mesmo? Achei estranho, mas pelo menos foi isso o que imaginei ter ouvido! Fiquei perplexo! Não podia acreditar que há mais de mil anos já existia algo assim. Para confirmar a informação, caprichei no meu "perfeito" inglês e perguntei:

— *Excuse me, sir, was this really a place for prostitution?*
— Com licença, senhor, esse era mesmo um lugar destinado à prostituição?

O guia me olhou com a maior cara de espanto e disse:

— *Certainly not! It was just for thermal baths.*
— Claro que não! Era apenas uma casa de banho.

Foi assim, morrendo de vergonha, que aprendi a maneira que os suecos pronunciam a palavra "sauna"!

MORAL DA HISTÓRIA

Consulte o dicionário para conferir a pronúncia correta de *sauna* / SÓ na/ em inglês. O ideal é, caso você tenha acesso à internet, ouvir a pronúncia de um dicionário online.

A bomba de petróleo

Dei uma senhora mancada de inglês em uma plataforma de perfuração marítima. O episódio se passou no final dos anos 70. Na época eu trabalhava como rádio-operador.

A operação na plataforma havia sido interrompida por falta de uma bomba (de sucção). Quando fui todo contente dar a boa notícia ao superintendente do navio-sonda sobre a chegada da bomba de que tanto precisávamos, disse o seguinte:

— *The bomb is already on board!*
— A bomba já está a bordo!

O gringo arregalou os olhos e soltou um berro desesperado:

— *WHAT?*
— O QUÊ?

Percebi a besteira que tinha dito, me corrigi e tudo terminou bem. Felizmente.

MORAL DA HISTÓRIA

É preciso muito cuidado na hora de usarmos *bomb* [explosivo] e *pump* [aparelho de sucção]. Não é de se estranhar, portanto, o pânico que a simples menção da primeira pode causar.

Não se esqueça de que a letra "b" final em *bomb* não é pronunciada. Não há motivo para estranhar o fenômeno porque ele também acontece com várias outras palavras terminadas em "B", como *thumb* [polegar], *climb* [subir; escalar], *lamb* [carne de carneiro], *comb* [pente], entre outras. A pronúncia de *bomber*, "bombardeiro", é /BÓ-mêr/, assim como a de *climber*, "alpinista", é /KLAI-mer/.

Uma dica

Minha história não aconteceu em uma visita a outro país, mas durante o próprio curso de inglês. Uma das alunas de minha turma tinha o péssimo hábito de mudar o sotaque de algumas palavras em português achando que assim chegaria à palavra em inglês. Como *restaurant* se parece com "restaurante", *telephone* com "telefone" e *president* com "presidente", ela achava que, por exemplo, "capacete" em inglês seria capcet /KÉP sét/ e não usava *helmet*, a palavra correta.

Certo dia, durante uma aula de gramática, sua mania de "aproximar" palavras a deixou em situação constrangedora. Ela não estava entendendo nada da explicação dada pelo professor em inglês. O professor explicava, explicava, mas ela não entendia nada. Foi quando ela teve a "ótima" ideia de lhe pedir uma dica. Ela me solta a seguinte pérola:

— *Can you give me a dick?*
— Você pode me dar um pau?

A sala veio abaixo. Perguntamos o que ela queria dizer, porque seja lá o que fosse provavelmente (era o que esperávamos) estava errado. E ela responde gastando todo o seu inglês:

— *I'm asking for a dick!*
— Estou pedindo um cacete!

Perguntei baixinho pra ela, em português, o que ela queria dizer e expliquei que "dica" era *tip* e não *dick*. Quando ela ficou sabendo da tradução da palavra *dick*, quase morreu de vergonha, já que tínhamos um professor na sala de aula.

MORAL DA HISTÓRIA

Evidentemente, o que causou constrangimento para essa aluna foi o fato de *dick* ser palavrão em inglês. Ela possui, no entanto, mais de um significado:

(slang) Detective
(BrE) A guy; a fellow
(vulgar slang) A penis
Nickname for "Richard"

De carro na Alemanha

Eu estava viajando de carro pela Europa com outras três pessoas. Depois de ter cochilado um pouco, acordei com o barulho do rádio e percebi que um dos passageiros, chamado Nils, não estava mais no carro. Ainda um pouco sonolenta, perguntei ao motorista:

— *Where is Nils?*
— Onde está o Nils?

Ele, que era alemão e estava prestando atenção nas músicas do rádio, disse meio distraído:

— *I don't know when the news comes!*
— Não sei a que horas vai começar o noticiário!

Perguntei de novo, pois eu não havia entendido a resposta e porque, francamente, ela não fazia o menor sentido. O motorista se irritou. Na terceira vez que fiz a pergunta, uma moça que estava ouvindo nosso diálogo explicou para ele em alemão:

— Ela quer saber onde está o Nils e não sobre as notícias do rádio!

Demos bastante risada e a viagem, que até então estava um pouco chata, ficou mais divertida.

MORAL DA HISTÓRIA

As homófonas — palavras que possuem o mesmo som — ou até mesmo as que têm sons semelhantes (Nils e *news*) podem causar mal-entendidos, principalmente quando estiverem fora de contexto. É praticamente impossível diferenciarmos sons muito parecidos deixando somente para os ouvidos a árdua tarefa de fazer essa separação. Os exemplos são inúmeros: *wear x ware, night x knight, sweet x suite, pole x poll, peace x piece, sell x cell*, entre tantos outros.

Você deve se lembrar de alguns exemplos em português também, não é? Ou será que você já se esqueceu dos pares "sela x cela", "coser x cozer" e "pesar x pezar"? E o que dizer de "sessão x cessão x seção"?

O importante é tentar interpretá-las levando-se em conta o contexto em que são usadas. Só pelo som, é impossível mesmo fazer qualquer distinção.

Que golaço!

Tinha 12 anos quando fui aos Estados Unidos pela primeira vez. Como toda criança, logo arrumei uma turma para brincar. Topava tudo. Fomos a um campo de beisebol e arriscaram tudo ao me colocar em um time. Deram as explicações básicas para mim, mas confesso que não entendi muito bem porque era muita coisa nova para mim. Deduzi que era para rebater a bolinha e só. Me posicionei imitando o que via pela televisão, respirei fundo, me concentrei e POW! Rebati a bola com toda força e ela voou longe.

Fiquei extasiada com os gritos que vinham da torcida e das minhas companheiras de time: GOOOLLL!!! GOOOLLL!!! GOOOOOOOOLLLLL!!!

Como boa brasileira, tive certeza de que minha missão estava cumprida. Depois de ser quase atacada fisicamente é que fui descobrir que o que eles gritavam era *GO! GO! GOOOOO!*

Desde então nunca mais quis saber de beisebol.

MORAL DA HISTÓRIA

Para quem não conhece as regras básicas do beisebol, após uma rebatida válida, o rebatedor deve sair correndo em direção à primeira base para ocupá-la antes que a equipe adversária consiga pegar a bola e trazê-la até esta mesma base. Daí o desespero das companheiras de equipe da jogadora novata.

Você mora onde?

Em 2004, eu estava visitando uma família americana na Califórnia. O casal, ainda jovem, havia acabado de se formar numa universidade no estado de Utah. Apesar de ser fluente em inglês, fiz a seguinte pergunta à esposa de meu amigo:

— Quando vocês estudaram em Utah, vocês moraram em um *condom*?

Assim que a pergunta saiu, percebi o erro (quis dizer *condo*, abreviação de *condominium*), mas já era tarde demais. Ela riu e disse:

— Não, um *condom* é muito pequeno para se morar, mas gostávamos muito de nosso *condo*.

MORAL DA HISTÓRIA

A confusão se deu pela semelhança fonética entre *condo* e *condom*. Esse é mais um problema bastante comum para quem está aprendendo uma língua estrangeira. Não deve ser motivo, portanto, para maiores constrangimentos.

Folha amarela

Durante vários anos, trabalhei na prefeitura da cidade onde morava na Flórida. Uma vez, depois de um dia bastante agitado, tivemos uma queda no movimento e estávamos todas as funcionárias batendo papo.

Quase no fim do expediente, entrou um cidadão e nos perguntou se tínhamos informação sobre alvarás de construção. Nessa repartição, havia um *display* em uma das paredes onde colocávamos todo o material contendo informações para a população. Geralmente, eram folhetos contendo apenas uma folha. Eu então resolvi responder sem ir até lá e disse a ele:

— *You can get that yellow 'shit' by the wall.*
— O senhor pode pegar aquela 'merda' amarela na parede.

Todos caíram na gargalhada, inclusive o homem que tinha feito a pergunta. O detalhe é que todos eram americanos, menos eu. Confesso que na hora não entendi por que eles estavam rindo tanto. Para piorar as coisas pro meu lado, ele complementou:

— *Well, next time I need some 'shit', I'll come running to the City Hall!*
— Da próxima vez que eu precisar de alguma 'merda', virei correndo à Prefeitura!

MORAL DA HISTÓRIA

A confusão aconteceu porque a protagonista da história acima se confundiu com a pronúncia de *shit* [merda] e *sheet* [folha de papel; lençol]. A primeira, cujo significado aposto que você já conhecia, tem o som de "i" mais fechado e curto, algo que fica entre o "i" e o "e" do português. O som de "i" do dígrafo "ee" em *sheet* é um som mais aberto e longo, quase como se fossem duas letras "i" juntas.

A melhor maneira de você diferenciar um som do outro é ouvindo a canção "Beat it" de Michael Jackson. O som de "i" em *beat* é mais aberto, idêntico ao de *sheet*, ao passo que o *it* tem som mais curto e fechado.

36

Parabéns!

A história se passa com um grupo de amigos. Um dos integrantes se considerava detentor de um capital cultural em inglês sempre superior ao de seus colegas.

    Certo dia estavam reunidos quando um deles trouxe um amigo americano que viera ao Brasil aproveitar suas merecidas férias após longo período de pesquisas em seu país. Além de estar curtindo o Brasil, o americano também comemorava o recebimento de uma promoção. O sabichão foi logo se adiantando para dar os parabéns ao estrangeiro e disse:

    — *Happy birthday!*
    — Feliz aniversário!

MORAL DA HISTÓRIA

Em situações como a descrita acima, poderíamos usar, entre outras opções, as seguintes alternativas:

— *Congratulations!*
— Parabéns!

— *Congratulations on your promotion!*
— Parabéns pela promoção!

— *Congrats!*
— Parabéns! (informal)

— *Kudos to you!*
— Parabéns! (informal)

A saudação *Happy birthday!* é reservada a quem comemora seu aniversário de nascimento. Os aniversários de casamento, de fundação de empresa, de evento de importância histórica etc. são saudados com *Happy anniversary!*, o cumprimento ideal para essas celebrações.

Wannastraw?

Esta aconteceu comigo, em minha primeira viagem aos Estados Unidos. Recém-formada em uma grande escola de inglês e portando certificados internacionais, sentia-me confiante no meu domínio do inglês... britânico! Aprendi muita gramática, o que foi excelente para minha futura carreira como tradutora, mas eu não sabia algumas palavras básicas.

A primeira vez que fui a uma lanchonete e pedi um refrigerante em solo americano levei um choque! Na minha inocência, eu esperava uma pergunta bem estruturada gramaticalmente, mas ouvi o seguinte:

— *Wannastraw?*
— Quer um canudinho?

Sem entender nada, pedi ao rapaz que repetisse a pergunta. A partir daí, pude decifrar que ele me oferecia algo, *a straw*, que eu sequer imaginava o que fosse. Até então eu só conhecia a palavra usada no ditado *It's the last straw that breaks the camel's back* [É a última gota que faz transbordar o cálice.]. Da maneira em que a palavra é usada no provérbio, *straw* quer dizer "palha".

Meu Deus! Será que eu entendi bem? Por que ele estaria me oferecendo "palha"?

Meio sem paciência e repetindo a pergunta di-da-ti-ca-mente, ele usou o método audiovisual... e descobri, maravilhada, que ele me oferecia um prosaico "canudinho"!

Posso até me esquecer do meu próprio nome, mas juro que nunca mais me esqueci de como se fala "canudinho" em inglês.

E por falar em canudinho, quando contei essa história para uma amiga, ela a achou muito engraçada e me disse que também tinha tido um problema semelhante.

Fiquei contente em saber que eu não era a única pessoa desse mundo que não sabia dizer "canudinho" em inglês. Ela então me disse que gesticulou um pouco e falou assim:

— *Please a little tube!*
— Um tubinho, por favor!

Pode?

MORAL DA HISTÓRIA

Espero que o relato acima também sirva para você não se esquecer de como se diz "canudinho" em inglês. Caso você se esqueça, também não é para se desesperar. Nesses casos, basta improvisar um pouco, fazer um gesto e tudo se resolve.

Se quiser pedir um copo, lembre-se de que você deve dizer *glass* se ele for de vidro mesmo. O copinho descartável, geralmente de papelão, é chamado de (*disposable*) *cup* em inglês, como na expressão *a to-go cup*, ou seja, um copo (descartável) para viagem.

Faço questão!

Depois de morar um mês em Londres, fiz amizade com o vendedor da loja de conveniência da esquina, a ponto de ele me dispensar de pagar 0,05 de libra numa compra porque não tinha troco. No dia seguinte, fui tentar pagar a tal dívida. O rapaz não queria receber e, no meu inglês traduzido, eu disse:

— *I make question!*

Eu achava que estava dizendo "faço questão (de pagar)". Ele, é claro, não entendeu nada, mas minha filha, que fala inglês melhor do que eu, riu muito e me explicou que para eles *I make question* naquele contexto não fazia sentido.

MORAL DA HISTÓRIA

Nosso amigo da história acima poderia ter dito *I insist* para transmitir a ideia de que fazia questão de devolver os cinco centavos de libra.

Você está trabalhando?

Há alguns anos, consegui um emprego em uma empresa com sede em Houston, no Texas. Logo no meu primeiro dia de trabalho, fui a um restaurante próximo à empresa para almoçar. Confesso que ainda não me sentia totalmente segura no inglês. Eu tinha medo de passar vergonha por não saber me comunicar, mas não tinha outro jeito, eu não iria morrer de fome!

Criei coragem, fiz o pedido, o garçom me entendeu e trouxe o prato certinho, exatamente como eu havia pedido. Quando já estava terminando de comer, o simpático garçom passa pela minha mesa e pergunta:

— *Still working on it?*
— Terminou?; Ainda está trabalhando nisso? (lit.)

Sem entender o porquê da pergunta e um tanto na defensiva, respondi:

— *Why do you ask? Yes, I have a job!*
— Por que você está perguntando? Estou empregada!

Pensei que ele estivesse duvidando se eu iria pagar a conta ou não.

Ele deu um sorriso e gentilmente me explicou que só queria saber se eu já havia terminado de comer para poder recolher o prato. Vivendo e aprendendo!

MORAL DA HISTÓRIA

Quando você ouvir uma frase ou palavra que, a princípio, parece absurda para aquele contexto, lembre-se de que, como no caso acima, pode se tratar de expressão que você ainda não conhece. Nunca tenha receio de perguntar ou de pedir esclarecimento. Não tenha medo de dizer que não entendeu. Muitos mal-entendidos em língua estrangeira acontecem porque as pessoas têm vergonha de dizer que não entenderam algo. Acabam dizendo "sim" nas horas em que um "não" teria sido a resposta ideal.

Quem acha que vai aprender uma língua estrangeira e não vai enfrentar nenhuma saia justa, vive uma grande ilusão. Sem pagar uns micos de vez em quando, ninguém chega lá. O importante é não estressar!

40

Doce de palha?

Esta história aconteceu comigo na época em que morei nos Estados Unidos. Assim que cheguei, consegui um emprego de atendente em uma *deli*, uma espécie de lanchonete bastante comum nas cidades americanas. Meu inglês ainda era sofrível no início de minha estada. Logo no meu primeiro dia de trabalho, a gerente me deixou sozinho no balcão.

Pouco tempo depois, apareceu a minha primeira cliente! A senhora se sentou no banquinho junto ao balcão e pediu um refrigerante. Consegui entender a frase inteira sem problema nenhum, mas em seguida veio a fatídica pergunta:

— *Can I have a straw, please?*
— Você pode me trazer um canudinho, por favor?

Como não entendi o que ela estava querendo, saí dali meio de fininho e fui à cozinha procurar ajuda, pois eu não tinha a mínima ideia do que significava *straw*. Dei uma olhada rápida em um dicionário de bolso que eu sempre levava comigo e encontrei a tradução: "palha". Na pressa para dar uma resposta à cliente, deduzi que deveria ser algum tipo de doce ou algo do gênero. Voltei ao balcão e disse:

— Olha, o "straw" ainda não está pronto. A senhora poderia passar aqui mais tarde?

Minha ficha só caiu na hora em que ela começou a rir muito e apontou para a caixa de canudinhos.

MORAL DA HISTÓRIA

O nosso amigo garçom não tinha muito tempo, mas esse relato é excelente porque nos mostra que não devemos ter pressa ao consultarmos palavra no dicionário. *Straw*, assim como tantos outros termos, possui mais de um significado na língua inglesa. Nem sempre a primeira definição que aparece no dicionário, em geral a mais comum, é a resposta para a nossa dúvida.

Tenho certeza de que você conhece várias palavras polissêmicas em nosso idioma. Este é o caso de "bolsa", "manga", "prato", "bala", entre tantas outras na língua portuguesa. Não é estranho, portanto, imaginarmos que o mesmo fenômeno aconteça em inglês.

Ponto de interrogação

Em um dos primeiros dias de aula de um curso de inglês que fui fazer em Toronto, usei a expressão *interrogation point* para me referir ao ponto de interrogação. A professora começou a rir e disse que estava imaginando um ponto sentado sendo interrogado.

A professora esclareceu a questão e disse que eu tinha me confundido, pois a alternativa ideal seria *question mark*. O interessante foi que no dia anterior ela estava dizendo que nós que falamos português temos vantagens para aprender inglês devido às semelhanças advindas do latim. Argumentei que, às vezes, essa é uma armadilha. Algo que pude demonstrar claramente no dia seguinte.

MORAL DA HISTÓRIA

Vale observar que, muito embora a expressão *interrogation point* também exista e seja correta, ela é muito pouco usada.

Febre aftosa

Eu havia acabado de chegar aos Estados Unidos para fazer um curso de uma semana na empresa em que trabalhava. No final da manhã, um colega americano me convida para almoçar com ele. Durante a conversa informal que transcorria enquanto aguardávamos a chegada dos pratos, ele fez o seguinte comentário:

— *I heard you have a pretty serious foot-and-mouth disease problem in Brazil.*
— Ouvi dizer que há um problema bastante grave de febre aftosa no Brasil.

Foot-and-mouth disease? Na hora tentei me lembrar de todas as epidemias brasileiras de doenças que apresentam sintomas na boca e nos pés ao mesmo tempo. Herpes? Não. Escorbuto? Não. A palavra em inglês é *scurvy*! Não consegui encontrar nenhuma que atingisse especificamente a boca e os pés!

Diante da minha clara expressão de dúvida, meu colega americano me explicou o que ele queria dizer com *foot-and-mouth disease*. Pela explicação, consegui inferir que a doença à qual ele se referia é a "febre aftosa".

MORAL DA HISTÓRIA

A dedução do leitor está correta. Para dizer "febre aftosa" em inglês existe ainda outra possibilidade: *hoof-and-mouth disease*.

No caso do "mal da vaca louca", outra doença que esteve presente nos noticiários há alguns anos, o equivalente em inglês é *mad cow disease*. Se precisar usar o nome científico, diga *Bovine Spongiform Encephalopathy* ou, em português, "Encefalopatia Espongiforme Bovina".

Sopa de sabão

Moro em Barcelona e meu namorado é inglês. Ele não fala espanhol, muito menos português! A única solução é utilizar a língua da rainha para nossa comunicação. Até aí tudo bem, pois tenho a oportunidade de praticar o idioma inglês.

Na semana passada, ele ficou doente e lá fui eu, como acompanhante e tradutora, ao médico. Felizmente, era só uma gripe forte e as recomendações foram repouso, medicação e alimentação leve.

Depois de sairmos do consultório, paramos em frente à farmácia e eu falei:

— *We need to buy the medicine and go home. I will make you soup for dinner.*
— Precisamos comprar o remédio e ir para casa. Farei uma sopa para você no jantar.

O problema é que quando falei *soup* /sup/, minha pronúncia foi a de *soap* /soup/. Confusão armada.

— *'Soap', honey, are you sure?*
— 'Sabão', meu amor, tem certeza?

— *Of course! The doctor told us that this is the best thing for you tonight.*
— Claro! O médico disse que é a melhor coisa para você hoje.

— *Honey, please, what kind of doctor would recommend 'soap'?*
— Meu bem, por favor, que médico recomendaria 'sabão'?

Ele gesticulava imitando alguém tomando banho e lavando as axilas com sabão! O pior é que eu repetia *soap* com tanta convicção que ele quase acreditou...

Resultado: quando a minha ficha finalmente caiu, eu comecei a rir no meio da rua. Eu estava pagando o maior mico em inglês e, ainda por cima, com um inglês. Ele também ria tanto que acho que a febre até passou!

{ MORAL DA HISTÓRIA }

Entre mortos e feridos salvaram-se todos! Esse é mais um caso de equívoco linguístico sem maiores consequências. Apenas uma história de amor com final feliz acompanhada de uma lição de pronúncia para você. *And they lived happily ever after!* [E eles viveram felizes para sempre!]

Rodando

Estávamos eu e um amigo dando treinamento de futebol para crianças de oito anos de idade em Toronto. Quando estávamos encaixando os canos para montar as traves, uma das mães que estava nos ajudando falou o seguinte:

— *Hold on!*
— Espera aí!

Esse amigo, que tinha acabado de chegar ao Canadá, disse:

— É rodando!

Surpreso, perguntei:

— Por que é rodando?

Ele respondeu:

— Foi ela que falou.

Eu e mais alguns brasileiros que estavam por perto começamos a rir.

MORAL DA HISTÓRIA

O brasileiro recém-chegado ao Canadá desconhecia *hold on*, expressão bastante comum na língua inglesa. O equívoco, é claro, ocorreu em virtude da semelhança fonética entre o *phrasal verb* e a palavra "rodando". *Hold on* é expressão também muito usada em conversas telefônicas. Em geral, é equivalente ao nosso "Só um minuto", "Aguarde um instante" e demais expressões sinônimas.

Você tem sede de quê?

Assim que desembarquei pela primeira vez no JFK, o aeroporto internacional de Nova York, entrei em uma longa fila para comprar refrigerante. Quando chegou a minha vez, vi a geladeira com várias garrafas e latas do refrigerante mais famoso do mundo, aquele de rótulo vermelho e que todo mundo conhece, sabe? Pois bem, com toda confiança no meu inglês, disparei:

> — *Please I want a big cock!*
> — Por favor, quero um *#$%¨%&* grande!

Confesso que levei um susto com a cara de espanto do caixa e das outras pessoas que estavam próximas. Só um tempo depois, fui descobrir a grande mancada que eu tinha dado.

MORAL DA HISTÓRIA

Para quem não sabe, *cock* é uma das palavras mais vulgares em inglês para designarmos o pênis. Nem preciso fazer uma relação de sinônimos em português aqui, não é mesmo? A confusão — mais comum do que podemos imaginar — acontece com as pronúncias de *coke* /kou k/ (coca-cola) e *cock* /kók/. Na dúvida, diga "Coca-cola" /KOU-kah KOU-lah/!

Comida

Sou professor particular há muitos anos. Atuei dando aulas individuais para executivos e também para pequenos grupos de funcionários em empresas multinacionais.

Sabemos muito bem que os erros de pronúncia são bastante comuns em sala de aula. Em alguns casos, o equívoco gera situações engraçadas e, às vezes, até mesmo um tanto embaraçosas.

Uma ocasião, uma aluna se confundiu com a pronúncia de *food*. Em vez de produzir um som equivalente ao "u" em português, ela achou que o ditongo inglês *oo* tinha o mesmo som aberto do "o" da palavra "pó".

Ao ler um texto em voz alta, seus colegas de turma e eu não contivemos o riso quando ela, sem hesitar, mandou um /fód/.

MORAL DA HISTÓRIA

Muita calma nessa hora! O som de *oo* em *food* é semelhante ao "u" da língua portuguesa. Consulte um dicionário online para ouvir a pronúncia correta.

Festa?

Quando viemos morar nos Estados Unidos, minha filha, na época com três anos, não falava inglês. Ela começou a frequentar a escola e, quando voltava para casa à tarde, repetia muitas coisas que aprendia com seus colegas e com a professora. Dentre elas, dizia *go party* e corria para o banheiro.

Eu e meu marido concluímos que aquilo era a forma de a professora falar com as crianças, que era hora de "ir à festa", isto é, ir ao banheiro. Comecei a reparar que, em todos os lugares que frequentávamos, as mães também falavam assim com seus filhos.

Umas semanas depois, resolvi confirmar com a professora o que realmente significava *go party*. Quase morri de tanto rir, porque não era *go party*, mas *go potty*. Literalmente, a expressão quer dizer "ir ao penico".

MORAL DA HISTÓRIA

Para quem ainda não tem o ouvido treinado, as pronúncias de *party* e *potty* parecem idênticas. A expressão *go potty* é usada quando as crianças têm vontade de ir ao banheiro. Existe ainda a expressão *potty trained*, que descreve meninos e meninas que já dispensam o uso de fraldas.

De novo!

Durante o período que estudei inglês, tive vários colegas de classe diferentes. Um deles era do tipo que se acha o sabichão, sabe? Aposto que você já estudou com alguém assim.

Um certo dia, a professora, que exigia que falássemos sempre em inglês, estava explicando um assunto, que não me lembro ao certo qual era. Esse colega, que não estava muito atento, pediu para a professora explicar a matéria novamente. E foi assim que ele falou:

— *Ms. Brown, could you explain it of new, please?*

Depois de um tempinho a gente percebeu o que ele quis dizer e demos muitas risadas. Ele queria dizer "de novo", mas traduziu ao pé da letra: *of new*! Que demais, não?

MORAL DA HISTÓRIA

Traduções literais quase nunca dão certo. É importante conhecer a expressão da maneira que ela é usada no idioma estrangeiro. Nesse caso, o aluno poderia ter usado *again, once again, once more, one more time*, entre outras.

É interessante observar que existe um advérbio, *anew*, que significa justamente "de novo", "outra vez" etc. Ele é usado em situações mais formais, geralmente precedido pelo verbo *start*.

49

Morar na farmácia?

Esta situação se passou em uma sala de aula do meu curso de inglês. Estávamos ainda no início do curso, mas eu tinha me matriculado na metade do semestre. É claro que fiquei meio perdido nas primeiras aulas. Um belo dia, li no livro o seguinte trecho de um diálogo: *The man lives on a farm* [O homem mora em uma fazenda].

Fiquei tão surpreso na hora que não me contive e quebrei a regra que nos impedia de usar o português em sala de aula. Não me contive e falei bem alto:

— O cara mora numa farmácia?

Não preciso nem dizer que a turma toda caiu na gargalhada porque eu era o único da sala que não sabia que *farm* quer dizer "fazenda".

MORAL DA HISTÓRIA

Esse relato da confusão do significado de uma palavra em inglês, algo bastante comum entre os iniciantes, esconde alguns outros possíveis problemas. O primeiro deles é o emprego da preposição *on* antes do substantivo *farm*. Não é raro encontrarmos o uso equivocado de *in* nesses casos.

Outro problema frequente é o emprego de "fazenda" para traduzirmos *farm* para a língua portuguesa. Vale notar que nem sempre essa é a solução ideal, pois o termo "fazenda" em nosso idioma traz consigo alguns conceitos que nem sempre estão presentes em *farm*. A palavra em português geralmente pressupõe uma propriedade de grandes proporções, o que nem sempre se aplica a *farm*.

Essa distinção fica ainda mais evidente no caso de *farmer* e "fazendeiro". Quando não dispomos de contexto que esclareça esses detalhes, opte por "propriedade" ou "propriedade rural" para traduzir *farm* e "produtor" ou "produtor rural" para traduzir *farmer*. Em alguns casos, até "agricultor" pode ser a solução ideal. Como as palavras em inglês são termos inespecíficos, opte por soluções mais neutras em nosso idioma.

Para dizer "farmácia" em inglês, as alternativas são *drugstore*, *chemist (BrE)*, *chemist's (BrE)* ou *pharmacy*. Hoje em dia nos Estados Unidos, usa-se com bastante frequência o nome da rede de farmácias. As mais conhecidas nas grandes cidades são Walgreens e CVS.

Heaven knows...

Este episódio aconteceu durante uma aula de um curso de controle de tráfego aéreo. O aluno era um amigo e eu, naquele momento, desempenhava a função de instrutor em um simulador. Durante o treinamento, utilizamos tanto português quanto inglês, em sua versão técnica, conhecida na nossa área como fraseologia.

Esse aluno demonstrava um conhecimento razoável de inglês, mas como acontece também fora do âmbito aeronáutico, sempre há espaço para errinhos básicos, principalmente de vocabulário. Em determinado instante, ele precisou confirmar com o piloto qual era o aeroporto de destino e mandou a seguinte pérola:

— *Can you confirm your destiny?*
— Você pode confirmar seu destino?

Eu, que estava acompanhando o exercício, respondi pelo microfone:

— *Heaven knows!*
— O futuro a Deus pertence!

Nós, falantes de português, com facilidade entendemos o que ele queria saber, principalmente pelo contexto. Será, no entanto, que um estrangeiro entenderia a troca que ele fez quando em vez de *destination* [destino, local aonde alguém vai] usou *destiny* [destino, sorte, fortuna, fado]?

A verdade é que rimos muito com a história, depois de as dúvidas terem sido esclarecidas. Atualmente trabalhamos juntos e de vez em quando pergunto para ele brincando:

— What's your destiny?

MORAL DA HISTÓRIA

O erro é de fato bastante comum, pois temos algumas palavras na língua portuguesa, como "destino", entre muitas outras, que se multiplicam na língua inglesa.

É interessante observar que o fenônemo inverso também ocorre, como em *book* [livro (s.), agendar (v.)], *form* [forma (s.) e formulário (s.)], *light* [leve (adj.) e luz (s.)], entre muitos outros. Mais uma vez, o contexto é sempre soberano ao nos mostrar o caminho para que possamos escolher a alternativa ideal.

Monstro!

Uma vez o professor de inglês nos pede para dizermos palavras terminadas com o sufixo *-ness*. Vários alunos da turma deram suas contribuições:

loneliness — solidão

kindness — bondade

happiness — felicidade

sadness — tristeza

emptiness — vazio (s.)

robustness — robustez

O colega que ficou por último, por falta de opção, lança mão de toda a sua criatividade e dispara:

— Loch Ness!

MORAL DA HISTÓRIA

É evidente que a brincadeira teve como objetivo descontrair o ambiente em sala de aula. O rapaz sabia muito bem que *Nessie*, o apelido do monstro do Lago Ness, não poderia fazer parte da lista acima.

Guloso

Sou professora de inglês da rede privada de ensino há mais de dez anos. Durante a aplicação de um teste de compreensão auditiva, pedi para um aluno definir a palavra *baker*. É importante dizer que ele deveria apenas dizer o significado da palavra e não usá-la em um exemplo, mas a compreensão das instruções também fazia parte da avaliação. Além de não entender o que deveria fazer, ele disse:

— *I eat a baker every day in the morning.*
— Eu como um padeiro todas as manhãs.

Eu, espantada, continuei o diálogo para lhe dar uma chance de corrigir o equívoco e perguntei:

— *How come?*
— Como assim?

E ele, sem pestanejar, dispara:

— *With butter!*
— Com manteiga!

MORAL DA HISTÓRIA

Está claro que o aluno do episódio acima confundiu *baker* [padeiro] com *bread* [pão]. Acontece, fazer o quê?

Espero que a saia justa não tenha prejudicado o progresso desse aluno no estudo da língua inglesa. Tropeços são parte integrante de qualquer processo de aprendizado. O negócio é rir um pouco, se levantar, sacudir a poeira e seguir em frente porque o próximo tombo está prestes a acontecer. Adote essa postura e, garanto, você não se arrependerá. Ou você vai querer passar o resto da vida engatinhando?

Você não tem geladeira em casa, não?

Esta história se passou quando eu viajava pelos Estados Unidos. Eu estava de férias e, durante um passeio que estava fazendo, resolvi entrar em uma lanchonete para comer alguma coisa. Vi o seguinte aviso na porta:

— *Do not slam the door*.
— Não bata a porta.

Eu não sabia que a expressão *slam the door* queria dizer "bater a porta", então eu, pensando que a porta automática estava funcionando, bati com força, causando um enorme estrondo.

Todos que estavam dentro do pequeno estabelecimento olharam para mim com cara feia, como se estivessem dizendo: "Não sabe ler, não?". Eu, sem graça, me desculpei e expliquei que não sabia inglês muito bem.

Na saída, o aviso *Push*, que quer dizer "Empurre", me confundiu. Duvido que haja algum brasileiro que nunca tenha confundido *push* com "puxar"! Acabei puxando a porta, que por estar quebrada, fez outro barulhão. De novo, todos olharam para mim com a mesma cara e eu, todo sem jeito, repeti:

— *I'm sorry, I don't speak English very well.*
— Desculpe, eu não sei inglês muito bem.

Duas portas, dois micos.

MORAL DA HISTÓRIA

Os micos como o descrito acima devem nos dar ainda mais ânimo para continuar estudando. O mais importante é não permitir que uma saia justa sem maiores consequências ganhe importância exagerada. Pense sempre pelo lado positivo, pois ao cometer um equívoco qualquer, o risco de o mesmo tropeço acontecer de novo é bem menor.

Stairway to Heaven

Eu e meu marido morávamos em Manchester, na Inglaterra. Um dia, precisando comprar uma escada, ele foi à loja de materiais de construção que ficava bem perto de nossa casa.

Sem dominar o inglês ainda e, evidentemente, sem saber qual o termo correto a usar, ele acabou dizendo *stairs*. A princípio, o vendedor não entendeu o que ele queria.

Meu marido, que nunca foi tímido, começou a gesticular e a se contorcer na loja para se fazer entender. O vendedor logo percebeu que *ladder* era a palavra que o cliente deveria ter usado.

MORAL DA HISTÓRIA

É interessante observar que muitos objetos têm, em um idioma, apenas uma palavra para designarmos vários tipos ou modelos dessa mesma coisa, ao passo que em outro idioma são necessárias mais palavras. Você já reparou que dois verbos importantíssimos da língua portuguesa, "ser" e "estar", são expressos na língua inglesa somente pelo verbo *to be*. Superado o estranhamento inicial, nos acostumamos com a situação e fazemos as adaptações necessárias. Aposto que você não acha mais estranho dizer *I am Brazilian* (sou brasileiro/a.) – uma situação permanente – e *I am hungry* (estou com fome) – uma sensação passageira.

Gostoso pra burro!

Éramos um grupo de quatro funcionários da mesma empresa. Fomos todos a Miami a trabalho e ficamos hospedados no mesmo hotel, um excelente cinco estrelas de uma rede internacional bastante conhecida. Quem pagou o mico foi um dos colegas do grupo, mas só fiquei sabendo do ocorrido quando voltei ao Brasil. O próprio autor da proeza também só descobriu a mancada depois de ter voltado ao nosso país.

Toda vez que esse colega retornava do supermercado ao hotel comendo um delicioso biscoito de chocolate, o recepcionista sempre dizia que era proibido hospedar cães, pois violava as normas da rede hoteleira. Mas ele não entendia por que motivo o funcionário sempre fazia o mesmo comentário.

Como os biscoitos que ele comia eram deliciosos, ele acabou trazendo alguns pacotes para os familiares. Quando a irmã foi experimentar um, leu na embalagem que eram biscoitos para cachorro!

{ MORAL DA HISTÓRIA }

Não tem moral da história. Precisa?

Doçura imprópria

Fui fazer intercâmbio nos Estados Unidos quando ainda era adolescente. Não demorou muito tempo, acabei fazendo amizade com o pastor da minha igreja e sua família. Fui convidado para almoçar na casa deles em um domingo.

Como todo casal que se ama, eles se chamam mutuamente de *Honey*, cujo significado mais comum é "mel", mas, no sentido figurado, pode também ser equivalente a "querido" ou "querida". Em um determinado momento, ela chamou pelo marido da cozinha dizendo:

— *Honey, can you help me out here in the kitchen?*
— Amor, você pode vir me ajudar aqui na cozinha?

Até aí, nada demais. Acontece que meu nome é Rone e as pronúncias das duas palavras – *honey* e Rone – para quem ainda não fala inglês direito são muito parecidas.

Adivinhe quem deu um pulo da cadeira para ir à cozinha ajudar. Eu! Todos os outros convidados que estavam sentados à mesa ficaram me olhando de maneira estranha, pois não estavam entendendo nada! Que mancada! Depois de eu explicar o motivo do engano e esclarecer o mal-entendido, ficou tudo bem!

MORAL DA HISTÓRIA

A saia justa aconteceu porque o protagonista da história não se lembrou de que os brasileiros pronunciam o "R" inicial em português do mesmo jeito que são pronunciadas as letras "h" iniciais aspiradas em inglês. Daí a confusão perfeitamente compreensível.

Há apenas quatro palavras na língua inglesa que têm o que chamamos de "h" mudo: *honest* [honesto], *honor* [honra], *hour* [hora] e *heir* [herdeiro]. Não estão computadas no cálculo, é claro, as palavras derivadas, como *honesty* [honestidade], *hourly* [de hora em hora] e *heiress* [herdeira], entre outras.

Mico tamanho GG

Eu fazia um cursinho de inglês na época em que o filme *Godzilla* entrou em cartaz. Resolvi perguntar para minha professora o significado de uma frase que estava no cartaz de lançamento. O problema é que eu não falei o contexto e simplesmente cheguei para ela, no meio da aula, e perguntei o significado da frase:

— *Size does matter!*

Ela ficou vermelha, prendeu a respiração um momento e me perguntou em português o que eu estava querendo dizer. Falei sobre o cartaz e ela me disse que eu nunca deveria perguntar aquilo a uma mulher, exceto nos casos em que se tem muita intimidade ou que se especifique muito bem o contexto. Foi aí que ela traduziu a frase para mim:

— Tamanho é documento!

MORAL DA HISTÓRIA

Acho que você já cansou de me ouvir dizer que contexto é fundamental. Já perdi a conta das vezes que repeti que contexto é tudo! Você ainda tem dúvida?

Manteiga ruim

O maior mico que já paguei por não saber inglês foi em um acampamento realizado no interior do estado de São Paulo. Esse encontro fazia parte de um programa de intercâmbio entre alunos americanos e brasileiros de duas instituições afins.

Na hora do jantar, estávamos em uma fila para nos servirmos no bufê quando uma americana perguntou para um rapaz como se dizia *butter* em português. Como o rapaz não entendeu a pergunta, disse que não sabia. Eu, sem entender também, mas pensando que havia entendido, entrei na conversa para ajudar e disse que a tradução era "melhor".

Foi aí que a americana virou-se para a cozinheira e disse, apontando para o prato:

— Não tem melhor?

Todo mundo ficou assustado e a cozinheira simplesmente perguntou o que ela não tinha gostado enquanto a americana continuava repetindo a pergunta:

— Não tem melhor? Eu quero melhor!

O impasse só se resolveu quando um rapaz perguntou a ela o que ela estava querendo dizer e ela respondeu:

— *Butter!*

Ele disse então a todos que era "manteiga" o que ela estava querendo. Nessa hora eu já estava escondido em um canto bem longe. Fui a causa do mal-entendido porque confundi *butter* [manteiga] com *better* [melhor]!

MORAL DA HISTÓRIA

A pronúncia das duas palavras pode mesmo causar esse tipo de confusão. Equívocos dessa natureza acontecem com frequência e não devem, em hipótese alguma, causar maiores constrangimentos. Errar é parte indissociável de qualquer processo de aprendizado. No caso das línguas estrangeiras, não há razão para achar que seria diferente.

Vamo?

Sou professora de inglês de cursinho particular há vários anos. Estava participando de um treinamento, pois precisava assistir a algumas aulas para conhecer o novo método de ensino da escola. Quando entrei na sala, os alunos ficaram ligeiramente acanhados pela presença de uma pessoa estranha. Mas, pouco a pouco, a aula foi fluindo normalmente.

Em um determinado momento, surgiu uma construção a ser aprendida: *let's*. Os alunos deveriam repetir a expressão e falar a tradução. Pois bem, o professor disse:

— *Ok, repeat Let's*.
— Muito bem, repitam "Let's".

E todos repetiram. De repente, uma aluna levanta o dedo e pergunta:

— Professor, se *let's* é "vamos", *let* é "vamo"?

Minha gente, na hora eu não sabia se ria ou se chorava. O professor que estava lecionando olhou para mim, colocou o livro na frente do rosto, virou de lado e começou a rir também.

MORAL DA HISTÓRIA

Tenho a impressão de que a aluna que fez a pergunta estava fazendo uma brincadeira. Mesmo assim, é evidente que professores não deveriam rir de erros cometidos pelos alunos. Admito que há casos, no entanto, em que é muito difícil se controlar.

Se você estiver lecionando e se encontrar em situação como a do relato acima, aproveite a oportunidade para esclarecer para seus alunos que errar faz parte do processo. Um erro não deveria, portanto, causar maiores constrangimentos. É importante disseminar essa ideia para estimular o interesse de seus alunos e fazer com que corram mais riscos ao se aventurarem no fascinante mundo do aprendizado de um novo idioma.

Se, por outro lado, você estiver na posição de estudante, a recomendação é a mesma. Não se deixe intimidar por um tropeço no caminho. Na sala de aula, como na vida, não há estradas sem curvas perigosas, buracos, lombadas e muitas pedras pelo caminho. Mesmo assim, não deixe de apreciar a paisagem. Boa viagem!

Constipada

Minha irmã, viajando pelos Estados Unidos, foi sozinha a uma farmácia comprar Vick VapoRub. O diálogo com o funcionário do estabelecimento, que ela me contou se contorcendo de rir, foi o seguinte:

— *Hello, do you carry viki—vapo-rubi?*
— Olá, vocês têm viki-vapo-rubi?

— *I'm sorry, what exactly are you looking for?*
— Me desculpe, o que exatamente você está procurando?

— *Viki—vapo-rubi.*
— Viki—vapo-rubi.

Como ela pronunciava o nome do remédio exatamente como se fala no Brasil, o vendedor não estava entendendo.

— *I'm afraid we don't have that, what is it for?*
— Acho que não temos esse produto aqui. Para que ele serve?

Ela toda faceira e se achando, pois estudava inglês havia algum tempo no Brasil, explica detalhadamente o produto:

— *It is a green gel that you rub over the chest area for cough or cold.*
— É um gel verde que você passa no peito para (combater) tosse ou gripe.

— *I don't think I've ever heard of this medicine.*
— Acho que nunca ouvi falar desse remédio.

Ele a leva ao balcão onde estão os remédios de gripe e tosse para ver se ela encontrava algo parecido. Mal começou a procurar, ela dá de cara com o potinho e diz aflita:

— *This… this!*
— Este… este!

— *Ohhh… you're talking about Vicks VapoRub!*
— Ah… você quer dizer /vicks veipô – râb/!

MORAL DA HISTÓRIA

A pronúncia de nomes de marcas internacionais costuma mesmo causar confusão por dois motivos principais. O primeiro deles é o fato de, em geral, não serem palavras de uso frequente. O segundo é não constarem de dicionários genéricos e, por isso, é mais difícil consultar uma referência para tirarmos dúvidas.

Se você não estiver conseguindo se fazer entender ao dizer o nome de uma marca em inglês, esqueça, por um instante, a maneira que você fala a palavra no dia a dia e tente imitar a maneira que um americano ou um inglês leria aquele nome. Tenho certeza de que você já deve ter assistido a vários filmes em inglês e já deve ter ouvido a pronúncia de algumas destas marcas: Ford, General Motors, Toyota, Pontiac, Mustang, Chevrolet, Prada, Carolina Herrera, Versacci, Ferrari, Lamborghini, Gucci, Citibank, McDonald's, Coke, Pepsi, Macy's, Mercedes-Benz, Armani, Xerox, entre muitas outras.

Não dá mesmo para imaginar um americano falando /vicky – vahporubi/, dá?

Little shirts?

Um amigo me disse que quando chegou aos Estados Unidos foi à farmácia para comprar camisinha e disse o seguinte:

— *Do you have preservatives?*
— Vocês têm conservantes?

Como o vendedor não estava entendendo nada, ele repetiu a pergunta:

— *Do you have preservatives?*
— Vocês têm conservantes?

Não havia meio de o vendedor entender o pedido do cliente. Como último recurso, ele acabou disparando:

— *You know, little shirts?*
— Sabe, camisas pequenas?

{ MORAL DA HISTÓRIA }

O termo *preservative* quer dizer "conservante", ou seja, um produto químico usado para estender a vida útil de alimentos. As palavras que você pode usar na farmácia se quiser comprar preservativo são as seguintes: *condom*, *rubber* (AmE), *johnny* (BrE), *Durex* (marca) (BrE), entre outras opções.

Proposta indecente

Depois de alguns anos estudando sozinho, me julguei preparado para enfrentar uma conversação com um nativo da língua inglesa. Entrei em uma sala de bate-papo e logo meu nome foi reconhecido por uma senhora norte-americana. Ela me convidou para uma conversa e tudo parecia ir muito bem, pois eu já estava me sentindo bem à vontade. Ela então me passou seu endereço eletrônico para que fosse adicionada ao programa de mensagens instantâneas. E eu, mais seguro do que nunca, escrevi:

— *Ok dear, I will enjoy you tonight!*

Ela toda constrangida me respondeu:

— Creio que você não tenha dito isso por mal, por isso quero deixar claro que não é assim que se responde ao adicionar alguém. Você acaba de me chamar para sair à noite com segundas intenções.

De branco, passei a roxo e por umas mil vezes pedi desculpas. Desde então, tenho me aplicado mais aos estudos de inglês.

MORAL DA HISTÓRIA

Constrangimentos sem maiores consequências, como o descrito acima, não devem ser motivo para desestimular ninguém. Se você enfrentar saia justa semelhante, use o episódio para ter ainda mais disposição para estudar. Justamente como fez o rapaz da história. Bons estudos!

Luz no fim do túnel

Em uma prova de inglês, havia uma frase para ser transcrita do português, mas eu não conseguia me lembrar de jeito nenhum do correspondente em inglês de um substantivo da sentença: "luz". Suando frio, nos minutos finais, pedi dicas à professora, que muito solícita tentou ajudar:

— Seu pai provavelmente paga uma dessas contas à companhia de luz. Não se lembra do nome?

Pelejei e roí as unhas. Mas acabei dando a maior pisada de bola da minha vida, traduzindo a palavra como "Telerj". Foi inacreditável. A gozação dos colegas de sala parecia não ter mais fim! Durante o resto do ano, eles fizeram questão de não me deixar esquecer da história.

MORAL DA HISTÓRIA

Além do nome da empresa de energia do Rio de Janeiro, a *Light*, que a professora usou em sua dica, o aluno poderia também ter se lembrado da expressão idiomática *light at the end of the tunnel* [luz no fim do túnel], se a conhecesse, é lógico!
    A lição que fica é que, sempre que possível, devemos relacionar as palavras novas de um idioma com algo que já conhecemos. Pode ser uma data, um nome de empresa, um objeto, uma sensação, enfim, qualquer coisa que sirva para você estabelecer uma associação. Assim, fica mais fácil memorizar novas palavras, desde que, é lógico, você procure manter o maior contato possível com o novo idioma. Quanto maior o grau de exposição à nova língua, melhor fica a sua "memória"!

64

O sabonete líquido

Quando completei 15 anos, ganhei de presente dos meus pais uma viagem aos Estados Unidos. Eu finalmente iria realizar um sonho de infância e conhecer a Disney. Naquela época, eu era apenas uma aluna iniciante no inglês e por essa razão acabei sendo a protagonista de uma história bem engraçada.

Depois de passear pelo parque durante horas, veio aquela vontade de usar o banheiro. Até aí, nada de errado. Quando fui lavar as mãos, li no recipiente de sabonete líquido a palavra *push*. Eu nunca tinha visto aquele tipo de recipiente, que não era comum no Brasil naquela época, muito menos sabia o que *push* queria dizer.

Acabei seguindo o instinto e comecei a puxar e puxar, mas nada de o sabonete sair. Uma senhora parou ao meu lado e ficou observando a cena. Depois de algum tempo, balançou a cabeça e, delicadamente, empurrou o botão do recipiente. Só então me dei conta do mico que eu estava pagando!

MORAL DA HISTÓRIA

A confusão que os brasileiros fazem com *push* e *pull* é mesmo muito comum. Não há como convencer o cérebro de que devemos empurrar a porta quando nos deparamos com a placa *push* na entrada de um restaurante ou de uma loja. A reação instintiva é fazermos o esforço contrário na tentativa de "puxar".

Osso pra cachorro

Estávamos almoçando em um restaurante nos Estados Unidos. Éramos todos funcionários da mesma empresa. Éramos uns 10 brasileiros e uns 15 americanos. Quando acabamos de comer, um dos americanos viu que estava sobrando muita comida e resolveu levar as sobras para casa. Como de hábito, pediu para o garçom um *doggy bag*, uma espécie de marmitex para viagem.

Quando chegou a embalagem, ele foi colocando as comidas que estavam ainda nas travessas. Um dos brasileiros, que havia entendido que a comida seria para o cachorro mesmo, decidiu ajudar. Foi separando os ossos e os restos de comida dos pratos sujos. Tudo ia parar no marmitex do americano.

Quem viu a cena não acreditava no que estava acontecendo. Todo mundo começou a rir muito e ele não percebia nada. Até hoje, damos muita risada ao lembrarmos da cara feia que o americano fazia enquanto ele dizia com autoridade no assunto:

— Cachorro adora osso!

MORAL DA HISTÓRIA

Se sabemos que ninguém nasce sabendo e que ninguém é imune a erros ao longo do caminho, por que não aproveitar toda e qualquer oportunidade para aprender algo novo sem maiores preocupações? Por que os micos também não são encarados dessa forma? Encare cada deslize como um tropeço natural do caminho, deixe a vergonha de lado e siga em frente! Tomara que a história acima tenha esse efeito em você.

O beijo inocente

Essa aconteceu comigo quando fazia intercâmbio em Utah, nos Estados Unidos. Como eu era o tipo de pessoa que chamava atenção por ser morena, brasileira e católica em um estado onde quase todos são loiros, americanos e mórmons, eu odiava pegar o ônibus escolar. Sempre que podia, eu pegava carona com meu pai americano. Quando não estava muito frio, eu ia a pé ou de bicicleta.

Em uma das vezes que ganhei carona, sem perceber, me sentei em cima da chave do carro. Meu pai americano me disse:

— *If you don't give me the keys, we can't go.*
— Se você não me der as chaves, a gente não vai sair daqui.

Olhei pra ele sem entender muito e perguntei:

— *What?*
— O quê?

— *The keys. I need the keys.*
— A chave. Eu preciso da chave.

Cheguei perto e dei um enorme beijo na bochecha dele, achando que ele já estava aderindo ao estilo mais caloroso dos brasileiros. Ele levou alguns segundos para perceber que eu havia confundido *keys* [chaves] com *kiss* [beijo].

Ele ria tanto que mal conseguia dirigir. Depois, ele saiu contando a história para todo mundo que conhecia. Assim, além de morena, brasileira e católica, eu ainda me tornei a menina que confundiu *kiss* com *keys*.

MORAL DA HISTÓRIA

Para quem fala português, é inegável a semelhança fonética entre *keys* e *kiss*. O som de "i" em *keys* é mais longo e aberto do que o som do "i" em *kiss*, mais curto e fechado. Muitas vezes, no entanto, não percebemos essa sutileza. Outra diferença fonética importante, mas também imperceptível para a grande maioria dos brasileiros, está no som de "z" que aparece no final de *keys* e o som de "s" no final de *kiss*. Daí a confusão feita pela intercambista acima.

Observe que na tradução dos diálogos optei por traduzir *keys*, substantivo no plural, por "chave", no singular. É hábito americano usar a forma plural, *car keys*, ao passo que, no Brasil, é mais comum usarmos a forma "a chave do carro".

Outro problema frequente é o uso da preposição em estruturas do tipo "chave do carro", "chave de casa" etc. Em inglês, prefira a preposição *to* em construções afins. Diga ou escreva, portanto, *keys to the car, keys to the house* etc.

Na loja de eletrônicos

Um brasileiro entra em uma loja de produtos eletroeletrônicos nos Estados Unidos e pergunta à vendedora:

— *Do you sell electronic secretaries?*
— Vocês vendem secretária eletrônica?

A moça perplexa diz:

— *Excuse me?!?*
— Ahn?

{ MORAL DA HISTÓRIA }

A tradução literal de expressões de um idioma para outro nem sempre costuma dar certo. Esse é o caso de "secretária-eletrônica", que é *answering machine* em inglês. Literalmente, seria algo como "máquina de atender".

Vou querer o mesmo

Dois pilotos brasileiros estavam fazendo um curso de segurança de voo nos Estados Unidos. Um deles falava inglês fluentemente, mas o outro falava muito pouco. Assim, nos restaurantes, o que falava inglês pedia o prato e o outro, devidamente instruído, limitava-se a dizer *the same* [o mesmo].

Isso funcionou bem até que o primeiro resolveu pregar uma peça no segundo. Um certo dia, disse ao garçom que não estava se sentindo bem e não iria comer nada. O outro, já acostumado com o roteiro, repetiu:

— *The same*.

O garçom deve ter pensado: "O que esses panacas vieram fazer aqui?", mas deixou que lá ficassem. Meia hora depois, os comensais das mesas vizinhas já tinham sido servidos e alguns até já tinham acabado de comer. O que não falava inglês sugeriu que o colega reclamasse com o garçom, que sendo chamado ouviu do primeiro:

— Olha, já estou melhorando, daqui a uns trinta minutos vou fazer o meu pedido.

O outro repetiu:

— *The same*.

Mais meia hora se passou e nada de serem servidos. Quando o segundo já estava a ponto de estrangular o garçom, o que falava inglês fez o pedido, não sem antes explicar o que estava aprontando com o amigo. O outro, como sempre, repetiu:

— *The same!*

A gargalhada do garçom até hoje ecoa naquele restaurante!

MORAL DA HISTÓRIA

Só existem dois jeitos de evitar brincadeiras desse tipo: aprenda a falar inglês ou troque de amigo!

Salada bem temperada

Uma brasileira acabara de se mudar para os Estados Unidos e, apesar de ter conhecimentos limitados de inglês, conseguiu trabalho como garçonete. No primeiro dia no novo emprego, chega a primeira cliente e faz o seguinte pedido:

— *Can I have a Caesar salad?*
— Eu gostaria de uma salada Caesar.

A jovem estava anotando o pedido quando a cliente pede mais uma coisa:

— *With the dressing on the side, please.*
— Com o molho separado, por favor.

A funcionária recém-contratada disse que não haveria problema. Minutos depois, a moça traz a salada Caesar com o molho cuidadosamente espalhado na borda do prato. Indiferente à reclamação, a garçonete batia o pé e dizia que a cliente havia pedido *dressing on the side*.

MORAL DA HISTÓRIA

A expressão fixa *dressing on the side*, bastante comum em restaurantes, significa "molho à parte", ou seja, ele é trazido em um pequeno recipiente e não é servido sobre a salada. Espero que o incidente não tenha trazido maiores consequências à carreira da jovem garçonete. No máximo, só uma caixinha a menos no fim daquele dia.

70

Rolando de rir

Essa história aconteceu com uma moça que conheci quando fiz intercâmbio na Irlanda. Ela era meio metida e estava sempre procurando uma oportunidade para tirar onda com o pessoal da nossa escola. Achando que estava abafando, ela vivia dizendo bobagem em inglês. Por exemplo, ela dizia que o automóvel do pai dela tinha *electric windows* e *hydraulic direction*, entre outras pérolas.

Uma vez, estávamos em um shopping center. Éramos umas oito pessoas, todos alunos desse curso. Ela disse que aquele shopping tinha várias *rolling stairs*! Não aguentamos de tanto rir porque a nossa professora ouviu e na hora disse:

— *You mean 'escalator', right?*

Para descrever a situação, a professora aproveitou a oportunidade para nos ensinar uma expressão bastante comum na língua inglesa: *rolling on the floor laughing* [rolando de rir]. Aliás, a abreviação ROFL é bastante comum em salas de bate-papo e no MSN.

{ MORAL DA HISTÓRIA }

Não há nada de errado em arriscar um pouco quando estamos praticando uma língua estrangeira. É perfeitamente natural, portanto, que sejam cometidos alguns enganos. Sem esses tropeços, ninguém aprende nada mesmo. Mas sair por aí inventando expressões sem parar é outra história! Arrisque com moderação para não virar piada.

Se precisar dizer "vidro elétrico" em inglês, diga *power windows*. A expressão equivalente a "direção hidráulica" é *power steering*.

O botão errado

Aos 17 anos de idade, fui pela primeira vez aos Estados Unidos participar de um programa de intercâmbio. O objetivo principal era conhecer uma outra cultura e, é claro, aprimorar meus conhecimentos de inglês. Lá chegando, minha família americana resolveu dar uma festa de boas-vindas, para me apresentar a vizinhos e amigos. Resolvi, então, vestir uma blusa nova que havia comprado no Brasil. Ao colocá-la, notei que uma das casas de botão estava totalmente fechada, mas mesmo assim, resolvi usar a roupa nova.

Durante toda a festa, de quando em quando, as pessoas vinham até mim e me avisavam que a blusa estava desabotoada. Eu tentava explicar que o *buttonhole* [casa do botão] estava com defeito. Porém, trocava a pronúncia de *button* [botão] pela pronúncia de *bottom* [fundo; baixo; traseiro]. Vocês podem imaginar a reação das pessoas?

Elas riam e olhavam para meu traseiro, como se estivessem procurando algo lá, sem entenderem o que o *button* tinha a ver com o *bottom*. Eu não compreendia o motivo de tanto riso. Só vim a descobrir meu vexame depois, ao estudar melhor as sutilezas fonéticas do idioma.

MORAL DA HISTÓRIA

A diferença de pronúncia entre *button* e *bottom* pode até ser sutil para os brasileiros. É evidente que, para os nativos, no entanto, elas soam bem diferentes. A melhor coisa a fazer para você perceber a diferença entre elas é consultar um dicionário online e ouvir as pronúncias das duas palavras em sequência. Assim, fica mais fácil aprender a pronunciar as duas corretamente.

72

A noiva ocupada

Moro na Inglaterra há mais de três anos, mas logo que cheguei por aqui passei por uma situação cômica. Eu estava conversando com um colega inglês no trabalho quando decidimos ligar para uma professora de espanhol. Como a linha estava ocupada, ele disse o seguinte:

— *She is engaged.*
— Ela está ocupada.

— *How do you know that? You've just said that you didn't know her.*
— Como você sabe? Você acabou de dizer que não a conhecia.

— *What are you talking about? I said that the line was engaged.*
— Do que você está falando? Eu disse que a linha estava ocupada.

— *What do you mean by that?*
— Não estou entendendo.

— *I mean that she is talking to someone else.*
— Ela está falando com outra pessoa.

— *Oh, I see.*
— Ah, entendi.

MORAL DA HISTÓRIA

Muitos brasileiros recebem maior influência do inglês americano, variante da língua inglesa em que *engaged* significa "estar noivo/a". Para dizer que a linha está ocupada nos Estados Unidos, a palavra mais usada é *busy*.

Sabemos que há muitas diferenças de vocabulário, algumas poucas de gramática, mas que, geralmente, não chegam a comprometer a comunicação entre ingleses e americanos. As diferenças mais marcantes são mesmo as de pronúncia. Mesmo assim, excetuando-se os casos mais extremos de sotaques mais carregados nos dois países, os dois povos costumam se entender relativamente bem.

Show de bola!

Este mico é, na verdade, um pouco diferente porque ele aconteceu com meu ex-professor de inglês. Ele é americano e, na época, morava no Brasil havia um ano.

Nas férias, ele resolveu comprar uma sunga de praia para aproveitar o verão e, para saber se o traje realmente tinha ficado legal, pediu a opinião da vendedora. Ela, como era de se esperar, aprovou na mesma hora e disse bem alto:

— Tá show de bola!

Ah, não deu outra! Dizem que ele ficou vermelho, arregalou os olhos e, morrendo de vergonha, resolveu voltar o mais rápido possível para o provador, tentando esconder suas partes íntimas com as mãos! Não sei se ele comprou a tal sunga, mas imagino com que cara e com que pressa saiu daquela loja.

{ MORAL DA HISTÓRIA }

Podemos notar, portanto, que associações à língua materna não ocorrem apenas com os brasileiros. É da natureza humana mesmo e pode acontecer com gente de qualquer nacionalidade. O protagonista da história ouviu as palavras *show*, "mostrar" ou "aparecer" em inglês, e "bola", fez a associação equivocada entre as duas e se desesperou.

O pânico do professor, como sabemos, não tinha razão de ser. A causa do problema foi apenas o desconhecimento da locução "show de bola", bastante comum no português informal falado no Brasil.

Com a corda toda

Uma senhora entra em uma loja de materiais para construção de uma cidade pequena no estado de Illinois, nos Estados Unidos. Observando que a mulher estava tendo dificuldade em encontrar o que queria, um funcionário atento se aproximou e fez a tradicional pergunta:

— *May I help you?*
— Posso ajudar?

Ela respondeu supondo estar falando da maneira correta:

— *Please I need a rape.*
— Por favor, preciso de um estupro.

O vendedor ficou chocado e pediu que ela repetisse. Ela repetiu a frase do mesmo jeito. Ele então disse indignado:

— *I am sorry, mam, but I cannot help you, we do not tolerate this in here.*
— Sinto muito, minha senhora, mas não posso ajudá-la. Não admitimos esse tipo de coisa aqui.

Indignado, ele se afastou imediatamente. A cliente ficou muito sem graça e saiu da loja sem comprar nada. Ficou, é claro, bastante chateada por voltar para casa de mãos abanando.

Um tempo depois, ela finalmente descobriu o que havia acontecido. Ela percebeu que ao tentar dizer *rope* [corda], ela havia dito, sem querer, é claro, *rape* [estupro].

MORAL DA HISTÓRIA

As confusões causadas por problemas de comunicação costumam gerar apenas um mal-entendido engraçado ou alguma outra situação embaraçosa, mas, em geral, sem maiores consequências. Em alguns casos, como o descrito acima, a confusão poderia ter sido bem maior. Portanto, tenha um pouco de cuidado ao se expressar em língua estrangeira quando não tiver 100% de certeza sobre uma palavra ou sua pronúncia e, principalmente, se notar alguma reação estranha da(s) pessoa(s) com quem estiver conversando.

Se notar algo anormal, não hesite em dizer que não domina o idioma. Use uma dessas perguntas para tentar esclarecer o mal-entendido:

— *Did I say something wrong?*
— Falei alguma coisa errada?

— *I may have mispronounced the word.*
— Acho que não pronunciei a palavra direito.

— *I'm not sure about the correct pronunciation of that word.*
— Não tenho certeza sobre a pronúncia dessa palavra.

Com um pouquinho de boa vontade da outra parte, tenho certeza de que grande parte dessas confusões será esclarecida com uma boa risada e nada mais.

Quem fala?

Estive recentemente no Canadá para visitar meu irmão mais velho, que já estava lá havia seis meses. Logo que desci do avião, liguei para a casa em que ele estava morando. Com meu pobre inglês de ensino médio falei:

— *Hello, I would like to talk with Leandro, please.*
— Alô, eu gostaria de falar com o Leandro, por favor.

— *Who's this?*
— Quem fala?

O problema é que eu entendi "Luiz?" e disse:

— *No, Luiz no... (sic) I need to talk with Leandro.*
— Não, o Luiz não. Preciso falar com o Leandro.

— *Who's this?*
— Quem fala?

Mais uma vez, entendi "Luiz" e disse:

— *Here is Fernando talking, not Luiz... I'm Leandro's brother from Brazil!*
— Quem fala é o Fernando, não o Luiz... Sou irmão do Leandro do Brasil!

Quando meu irmão atendeu e eu disse para ele que a dona da casa estava pensando que era um tal de Luiz quem falava, meu irmão riu sem parar até o dia da minha volta para o Brasil.

MORAL DA HISTÓRIA

Irmão não perdoa mancada de irmão de jeito nenhum. Fazer o quê?

Já que estamos falando de irmãos, preste atenção ao dizer *brothers* em inglês, pois, diferentemente da língua portuguesa, a palavra se limita aos irmãos do sexo masculino. Como você já sabe, o termo no plural em português, "irmãos", pode se referir ao grupo inteiro, homens e mulheres. Se quiser fazer a pergunta "Você tem irmãos" em inglês, não diga *Do you have brothers?*, pois essa tradução ao pé da letra não dá certo. Dê preferência à forma *Do you have any brothers and sisters?*.

76

Walter, o garçom

No início de janeiro do ano passado, eu e minha esposa fomos fazer um cruzeiro com mais dois casais amigos. No primeiro dia, eu estava com dor de cabeça e não fui jantar. Fiquei em minha cabine dormindo. No dia seguinte, quando chegamos ao restaurante do navio, um de meus amigos faz o pedido ao garçom e, em seguida, agradece dizendo:

— *Thank you, Walter.*
— Obrigado, Walter.

Fiquei surpreso por ele saber o nome do garçom, pois não tinha visto nenhum crachá com sua identificação. Deduzi que eles já deviam ter conversado na noite anterior. E assim vão se passando os dias em alto-mar e, como eu acreditei que seu nome era Walter, também passei a chamá-lo dessa maneira.

No último dia, finalmente o garçom nos pergunta o porquê de o estarmos chamando de Walter. Meu amigo responde:

— *It's written on your shirt!*
— Está escrito na sua camisa!

O suposto Walter diz:

— *No, it says "waiter"!*
— Não, está escrito "waiter".

MORAL DA HISTÓRIA

Como você deve saber, *waiter* quer dizer "garçom". Nota zero para a dedução do turista distraído. Sem maiores consequências, o episódio entrou para a lista de boas recordações da viagem.

24 Orelhas?

Fiz uma viagem pela Europa para curtir merecidas férias alguns anos atrás. Comprei um pacote para fazer a viagem com um grupo de pessoas, mas só quando a excursão começou descobri que eu seria a única brasileira. As outras pessoas eram de vários países de língua inglesa.

No primeiro dia, o guia pediu para que nós nos apresentássemos. Quando chegou a minha vez, eu tinha que dizer nome, de onde vinha, idade, entre outras coisas. Fui à frente do ônibus, peguei o microfone e disse o seguinte:

— *Hello, my name is Michelle, I am from Brazil and I have 24 ears!*
— Oi, meu nome é Michelle, sou brasileira e tenho 24 orelhas!

Pronto, a viagem toda eu fiquei conhecida como a moça de 24 orelhas. Só um tempo depois fui descobrir que se fala *I am 24* ou *I am 24 years old*.

MORAL DA HISTÓRIA

Outro equívoco mais sutil é a pronúncia de *years* [anos]. O *y* nesse caso é pronunciado como se fossem duas letras "i" juntas. O som é, portanto, mais longo para justamente fazermos a diferenciação com *ears* [orelhas]. A confusão fica ainda maior se a pessoa trocar, como no caso acima, o verbo *to be* pelo verbo *have* [ter] para dizer a idade.

O sequestro

No começo do ano, fui visitar minha irmã que mora nos Estados Unidos. Em um fim de semana, resolvemos ir a um restaurante em Nova York. Convidamos uma amiga dela que também mora lá. Um pouco depois de nossa chegada, as duas se levantaram para se servirem no bufê e fiquei sozinha na mesa.

Sempre fico nervosa para falar inglês apesar de até saber me virar um pouco. Reparei que não havia guardanapos na mesa. Quando passou um garçom, pensei em pedir um guardanapo para me sentir "a americana"… Educadamente pedi um *kidnap*. O garçom ficou olhando para mim meio assustado e respondeu:

— *We don't have it here.*
— Não temos isso aqui.

Ele virou as costas e foi embora. Fiquei com cara de tacho, sem entender nada. Quando as duas voltaram, contei o que tinha acontecido falando que os garçons eram muito mal-educados.

Depois de rirem muito, me disseram que fiz uma confusão básica entre *napkin* e *kidnap*. Elas me disseram que eu havia solicitado ao garçom um "sequestro". Foi terrível e eu não abri mais a boca a viagem toda! Mas que foi engraçado, foi!

MORAL DA HISTÓRIA

A confusão entre as palavras que têm sonoridade parecida é bastante comum. Ela não só acontece com os dois termos do relato acima, mas também com *kitchen* [cozinha] e *chicken* [frango], entre outros exemplos. E olha que nem estamos falando de trava-línguas!

O sargento

Gostaria de descrever uma história verídica que se passou em uma Escola Militar. Dois alunos estavam estudando inglês quando o telefone tocou na sala onde estavam com o professor particular. Um deles, recém-chegado à escola, atendeu e, depois de algum tempo, perguntou ao primeiro:

— Você sabe o nome do Sargento que está de Comandante da Guarda?

O primeiro, muito concentrado na aula, respondeu:

— *I don't know!*
— Não sei!

O outro voltou ao telefone e disse:

— É o Sargento Aidonou!

MORAL DA HISTÓRIA

E o nome do capitão? Seria por acaso Oumaigod?

Pôr pra dormir

Uma amiga, que fez intercâmbio nos Estados Unidos, estava trabalhando como babá. Em uma noite, na hora de colocar a criança para dormir, ela diz o seguinte:

— *Now, I'm gonna put you to sleep*.
— Vou te colocar para dormir agora.

A menina, que tinha pouco mais de 4 anos, começou a chorar desesperadamente e foi um custo explicar para os pais dela o que havia ocorrido, já que em inglês esta expressão significa, entre outras coisas, "matar" ou "sacrificar" (animal).

MORAL DA HISTÓRIA

Para que a situação rotineira descrita acima não ganhasse contornos de filme de terror, a babá poderia ter usado, entre outras, uma das seguintes opções:

— *It's time to go to bed.*
— *It's bed time.*
— *I'm gonna put you in bed.*

Se fosse com um adulto, o problema nem teria acontecido. É evidente que uma criança tão pequena quanto a da história acima ainda não tem discernimento para entender expressões ambíguas.

Parafusar

Eu estava trabalhando nos Estados Unidos como voluntário em uma exposição. Eu ajudava a montar, com outros três colegas, uma instalação de uma artista inglesa. Passei o dia pregando, prendendo e parafusando coisas. Até que me surgiu uma dúvida se eu deveria ou não parafusar uma determinada peça para ela. Perguntei então para a artista:

— *Do you want me to screw you this?*

Eu imaginava ter dito o seguinte:

— Quer que eu parafuse isso para a senhora?

Todos me olharam com cara feia. Eu, sem entender muito bem o que estava acontecendo, mostrei para ela o parafuso na minha mão. Um colega me salvou dizendo:

— *You mean you wanna know if you have to "screw it in"?*

Daí entendi a diferença e nunca mais esqueci que *screw in* é parafusar, *screw out* é desparafusar e que "vá se ferrar", *Screw you!*, não tem nada a ver com parafuso!

{ MORAL DA HISTÓRIA }

Palavras que possuem mais de um significado podem causar mal-entendidos, principalmente se uma das acepções for palavra de baixo calão, como no caso relatado acima. Sempre que possível, procure usar palavras mais neutras para evitar saias justas desnecessárias.

Canibal, eu?

Certa vez, fui jantar com um grupo de amigos em um restaurante em Chicago. Havíamos acabado de chegar e as pessoas ainda estavam decidindo o que iriam pedir. Naquela época, eu não falava inglês muito bem e comentei que gostaria de algum prato à base de carne.

Acabei usando o termo *flesh*, que era a palavra que eu conhecia para dizer "carne" em inglês. Apesar de tecnicamente correto, *flesh* é uma palavra que pode ter, entre outras, a conotação de "carne crua", "sangue" etc.

Eu deveria ter usado o termo *meat*, se bem que aí eu não teria me divertido com a cara de espanto de meus colegas americanos, que, por pouco, não desistiram de jantar.

MORAL DA HISTÓRIA

Nosso leitor deveria ter usado a palavra *beef* se quisesse dizer "carne de vaca". Em determinados contextos, o substantivo *flesh* pode até significar "carne humana".

Piloto

Este episódio aconteceu comigo durante uma conversa que tive com uma moça americana. Falávamos sobre automobilismo em geral, mas, principalmente, sobre a Fórmula 1. Eu estava querendo dizer que os pilotos brasileiros na época estavam cometendo muitos erros. O Rubinho, por exemplo, estava tendo uma temporada bastante infeliz naquele ano. Enfim, quando fui dizer isso a ela, falei:

— *The Brazilian pilots are...*

Ela ficou me olhando alguns instantes sem entender o que eu estava querendo dizer.

MORAL DA HISTÓRIA

A moça americana estranhou o uso da palavra *pilot* no contexto daquela conversa porque o termo usado na língua inglesa para descrevermos o "piloto de corrida" é *driver* ou *racing driver*. Nesses casos, *driver* não tem nada a ver com "motorista", é óbvio!

84

Sinal de fax

Acho que falo, escrevo e leio bem em inglês, mas é incrível como a gente aprende algo novo todos os dias! A história que vou contar é mais uma prova de que o aprendizado não tem fim.

Eu trabalhava num escritório de representação havia um ano e, um belo dia, fui passar um fax para um escritório em Washington D.C., a capital dos Estados Unidos. Como o fax direto estava quebrado, tive que pedir à telefonista o sinal de fax. Bem, então eu disse:

— *Please the fax signal?*

Ela respondeu:

— *Pardon me?*
— Poderia repetir?

Falei novamente mais devagar:

— *Please the fax signal.*

Mas ela novamente não entendeu. Expliquei que queria passar um fax e daí sim ela riu e me perguntou se eu queria o sinal de fax:

— *Do you want the fax 'tone'?*

Confirmei com um *yes* bem debochado!

MORAL DA HISTÓRIA

Ao pedir o "sinal de fax", diga *the fax tone* em vez de *the fax signal*. O mesmo se aplica à gravação da mensagem na secretária eletrônica: *Leave your message after the tone / beep*.

O macaco e o mico

Eu estava viajando pelos Estados Unidos com um carro alugado, mas eu não sabia falar inglês muito bem. Quando o pneu furou, eu não conseguia achar o "macaco" de jeito nenhum! Pensei comigo, vou ter que pedir ajuda. Avistei um senhor que passava pela rua e resolvi perguntar o seguinte:

— *Where's the monkey?*
— Onde está o macaco?

Ele me olhou com uma cara de assustado e só faltou me mandar ao zoológico! Só depois fui descobrir que eu precisava de um *jack*.

MORAL DA HISTÓRIA

A palavra inglesa *monkey* se refere, geralmente, aos primatas de cauda longa. Os macacos sem cauda, como o gorila e o orangotango, são chamados de *ape*. A ferramenta usada para levantarmos o automóvel é mesmo *jack*, como o protagonista da história acabou descobrindo por si próprio. Contexto é tudo!

Suco de manga

Quem me contou essa pérola foi um colega que participou de um seminário internacional em um hotel de luxo em São Paulo há pouco tempo. Durante o intervalo para o café, ele ficou de queixo caído quando leu a descrição de um suco amarelado que estava sendo servido aos participantes. A plaquinha na frente da jarra trazia os seguintes dizeres:

— *Sleeve juice*
— Dá pra acreditar?

MORAL DA HISTÓRIA

Você acha estranho existirem duas palavras na língua inglesa, *mango* (a fruta) e *sleeve* (a parte da camisa), e apenas uma em português, "manga"? Como você explica então o fato de o mesmo verbo da língua portuguesa, "tomar", ser usado nas expressões "tomar remédio", "tomar chuva" e "tomar ônibus"? Toma essa! ;-)

Na realidade, não há nada de estranho com essa característica dos idiomas. As palavras podem ter mais de um significado mesmo e esse fenômeno não causa estranheza em ninguém se ele acontece em nosso idioma materno. Só ficamos surpresos quando ele aparece na língua estrangeira. Confie sempre no contexto porque ele, garanto, não te deixará beber o ônibus nem entrar no remédio.

Óculos magníficos

Meu irmão, que não fala bem inglês, era responsável pela emissão de pedidos para a importação de ferramentas na empresa em que trabalhava. Depois de emitir os pedidos, ele tinha que fazer uma listagem, em português, das mercadorias requisitadas para enviar a seu chefe. Em uma dessas listas, apareceu um item insólito: "óculos magníficos".

Depois de rir muito, o chefe explicou para ele que os "óculos magníficos" eram na verdade simples "lentes de aumento".

{ MORAL DA HISTÓRIA }

A expressão em inglês equivalente a "lentes de aumento" é *magnifying glasses*, o que explica a tradução equivocada acima.

For my sister

Fiz uma viagem à Europa onde me encontraria com uma cunhada. Quando cheguei finalmente ao aeroporto de Innsbruck, notei que havia um policial e seu pastor alemão próximos à esteira de malas.

Assim que minha bagagem apareceu, o cão começou a cheirá-la e a latir sem parar. Fiquei desesperada quando o policial chamou o dono da mala falando inglês com um sotaque muito forte. Eu me aproximei e ele começou a fazer perguntas que eu não conseguia entender.

Quando abriu minha mala, ele encontrou café e linguiça, artigos cujo transporte é proibido. Como eu não conseguia responder as perguntas, fiquei pensando em como eu poderia dizer em inglês que aquilo era um presente para minha cunhada.

Comecei então a cantar:

– *Happy birthday to you...*

Como eu não tinha nem ideia de como dizer "cunhada" em inglês, entre uma estrofe e outra eu dizia o seguinte:

— *For my sister!*

E continuava cantando:

— *Happy birthday to you...*

O policial e todas as outras pessoas que assistiam à cena começaram a rir sem parar. Fui liberada pouco depois sem problemas.

MORAL DA HISTÓRIA

A turista brasileira do episódio acima poderia ter usado as palavras
gift ou *present* para dizer "presente". *Sister-in-law* é a opção ideal
para dizermos "cunhada".

Qual é o seu signo?

Quando eu ainda era aluna do curso básico de inglês, meu irmão recebeu uma amiga alemã em nossa casa. Durante uma conversa informal cujo tópico era o zodíaco, fiz a seguinte pergunta:

— *Are you a virgin?*
— Você é virgem?

Ela respondeu:

— *Come on, I'm 23!*
— Pô, eu tenho 23 anos!

Só depois de alguns meses de estudo percebi o erro que havia cometido.

MORAL DA HISTÓRIA

A pergunta deveria ter sido *Are you a Virgo?*, equivalente a "Você é (do signo) de virgem?".

Que tosse!

No ano retrasado, fui ao Canadá e passei uns dias em Toronto, na casa de uns amigos. Eram umas 8 horas da manhã de um sábado e eu sabia que o pessoal iria acordar mais tarde. Resolvi, então, dar uma volta pelo bairro e acabei encontrando uma lanchonete aberta. Como ainda não havia comido nada, decidi tomar meu café da manhã lá mesmo.

Sentei-me à mesa e aguardei a chegada da garçonete. Quando ela me perguntou o que eu queria, eu disse a ela:

— *Cof, please.*

Ao que ela imediatamente retrucou com duas tossidas:

— *Cof, cof.*

Dei uma risadinha meio sem graça e caprichei na pronúncia:

— *Okay, cofeeeee, please.*

{ **MORAL DA HISTÓRIA** }

Se você não pronunciar com clareza as duas letras finais em *coffee*, pode dar a impressão de que você está dizendo *cough*, "tosse". É claro que a garçonete fez uma brincadeira com o turista brasileiro porque, convenhamos, ninguém se senta em uma lanchonete e pede "tosse" no café da manhã.

É soda!

Cheguei ao aeroporto de Washington com bastante antecedência para pegar meu voo e decidi perambular pelo lugar. Muito embora eu lesse e escrevesse razoavelmente bem por conta da função que exercia na universidade onde trabalhava, na hora de falar ou compreender o que estava sendo dito, meu inglês era bem básico mesmo.

Na escola, aprendemos que "refrigerante" é *soft drink*, certo? Então, lá vou eu todo confiante comprar um refrigerante na lanchonete do aeroporto. A garota que me atendeu queria saber o que eu queria beber, mas ela não me perguntou *What would you like to drink?* [O que você gostaria de beber?] ou alguma coisa similar. Ela disse:

— *What soda?*
— Que refrigerante?

Olhei para a máquina de refrigerante, mas só vi Coca-cola, Fanta e Pepsi. Nada de soda. Fiquei achando que ela estava me perguntando se eu queria a soda limonada que a gente toma no Brasil ou se eu queria algum outro tipo de soda. Uma versão *diet* talvez? Ou seria algo com mais limão? Pois bem, ela perguntava:

— *What soda?*
— Que refrigerante?

E eu respondia assim:

— *I don't understand.*
— Não estou entendendo.

Depois de umas três ou quatro tentativas, ela finalmente disse:

— *Coke?*
— Coca?

Ah, agora ela falou a linguagem universal!

MORAL DA HISTÓRIA

O que esse brasileiro não sabia é que a palavra *soda* — pronuncia-se /SÔU da/ — quer dizer refrigerante em muitas regiões dos Estados Unidos. Em outros lugares, é mais comum ouvirmos *pop*, *soda pop* e, é claro, *soft drink*. Se quiser soda limonada, é mais fácil pedir pela marca. A mais famosa é *Sprite*.

Agora que você leu o relato acima, esse mico você não paga mais! *Enjoy!* (Bom apetite!)

Smoke free

Há uns três anos mais ou menos, fui fazer um treinamento com um colega de trabalho na Califórnia. Durante o intervalo para o almoço, fomos a um restaurante que ficava em frente à escola onde estávamos estudando. Assim que nos sentamos, esse colega, ao ver a placa *smoke free*, acendeu um cigarro porque achou que ali *smoke* era *free*.

A garçonete muito educadamente pediu para ele apagar o cigarro. Depois de eu ter explicado para ele o verdadeiro significado de *smoke free*, ficamos alguns minutos dando muita risada.

MORAL DA HISTÓRIA

A confusão se deu por conta do significado mais comum de *free*: "livre", "liberado". Acontece que *free* também pode significar "isento de", "sem". A locução *smoke free* quer dizer, portanto, justamente o oposto do que havia pensado o fumante.

It's fricking cold!

Quando fiz intercâmbio nos Estados Unidos, morei na casa de um pastor da nossa igreja. Como quase todo mundo que vai para o exterior pela primeira vez, dei muitas mancadas de inglês. Esta que vou contar agora foi inesquecível.

Em um dia muito frio — devia estar uns 5 graus! —, fomos todos com o pessoal da igreja almoçar em uma lanchonete. Como eu já morava lá fazia alguns meses, estava ganhando mais confiança e me sentia cada vez mais fluente. Estávamos todos juntos conversando à vontade em uma mesa. De repente, solto essa bem alto:

— *Oh boy! Today is fricking cold!*
— Caramba, está fazendo um frio do cacete hoje!

Todos se viraram para mim com cara de espanto e disseram:

— *What did you say?*
— O que você disse?

De repente, uma das minhas amigas pula na minha frente e me salva:

— *She said it's freezing cold! It's 'freezing' cold!*
— Ela disse que está um frio do caramba. Um frio do 'caramba'!

MORAL DA HISTÓRIA

Para quem não sabe, *fricking* é eufemismo que substitui o adjetivo vulgar *fucking*. E olha que a moça disse a frase bem na frente do pastor da igreja! Ela deve ter quase morrido de vergonha.

Fica claro que a semelhança sonora entre *fricking* e *freezing* se perde quando optei por "cacete" e "caramba" na tradução do diálogo. Alguém já disse que tradução é a arte da adaptação. Você não concorda?

Super salad?

Em uma ida a trabalho para os Estados Unidos, fui almoçar certo dia e, após fazer meu pedido, a garçonete me perguntou se eu queria sopa ou salada como acompanhamento:

— *Would you like soup or salad?*
— A senhora gostaria de sopa ou salada?

Como adoro salada, fiquei contente e respondi:

— *I want the super salad!*
— Eu quero a super salada!

Eu estava achando que ela tinha me oferecido uma "supersalada", pois ela falou rápido e a junção de *soup + or* soou ao meu ouvido como *super*. Depois de três tentativas infrutíferas da moça, perguntando se eu queria a sopa ou a salada, e eu respondendo que aceitava a supersalada, a ficha finalmente caiu. Pedi desculpas e comi a salada, que de super não tinha nada.

MORAL DA HISTÓRIA

Os equívocos por conta da falta de compreensão auditiva são bastante frequentes para quem estuda a língua inglesa. Não se desespere nem fique achando que você não tem competência para entender os nativos falando inglês.

Nunca se esqueça de que o idioma inglês é falado por nativos de todos os continentes. Irlandeses, australianos, sul-africanos, jamaicanos, canadenses e indianos, só para citar alguns, falam variantes bem distintas da mesma língua inglesa. Percebeu que não citei o inglês britânico nem o americano?

A "salada" acima já é bastante apetitosa, mas ela só vai ficar completa de verdade quando acrescentarmos centenas de milhões de "estrangeiros" que falam inglês como segunda língua. Pode ir acrescentando os italianos, holandeses, coreanos, franceses, japoneses, mexicanos etc. ao caldeirão.

E você se culpa por não entender 100% do que é falado em inglês? Seu nome, por acaso, é Ethan Hunt? Para quem não sabe ou não se lembra, Ethan Hunt é o nome do personagem interpretado por Tom Cruise na série de filmes "Missão Impossível".

Não perca o foco!

Um amigo me contou uma história impressionante. Confesso que quando a ouvi pela primeira vez quase chorei de tanto rir. Ele me disse que estava assistindo a uma palestra em uma universidade americana. O orador era brasileiro e falava sobre oportunidades de investimento na cidade do Rio de Janeiro. A intenção era a melhor possível, mas ele acabou escorregando feio na pronúncia.

O problema aconteceu quando ele disse a seguinte frase:

— *You should focus on Rio*.
— Vocês deveriam concentrar (seus investimentos) no Rio.

A pronúncia de *focus* não saiu como deveria, ou seja, /FOU kâs/. Ao dizer algo como /FÓ kâs/, a impressão que se teve foi a de que ele estava usando um conhecido palavrão da língua inglesa. Dá para imaginar a reação da plateia?

{ MORAL DA HISTÓRIA }

Não é raro sermos levados a pronunciar as palavras da língua inglesa com base na pronúncia de palavra semelhante em nosso idioma. O som da letra "O" em "foco" é aberto, como em "pó", mas o som do "O" em *focus* é fechado, algo como o ditongo "ou" em "vou". Para complicar ainda mais, há um modelo de automóvel da Ford que leva o mesmo nome. Sua pronúncia no Brasil é /FÓ kus/, o que acaba contribuindo para a consolidação da forma incorreta.

Por mera coincidência, o mesmo fenômeno acontece com outra renomada fabricante de automóveis, a *General Motors*. O "o" em *motor* é fechado, mas garanto que você já deve ter ouvido um milhão de vezes a pronúncia /MÓ tors/, com o "ó" bem aberto, não é?

Pão doce?

Um rapaz americano, que havia chegado para morar no Brasil fazia alguns meses, entra em uma padaria de manhã. Muito confiante com o seu progresso nas aulas de português, se aproxima do balcão e fala:

— Quero um pão doce!

Pelo menos foi isso o que ele achou ter dito na frente de dois funcionários e de outros clientes que esperavam na fila naquela movimentada segunda-feira. Como todos os presentes começaram a rir muito, ele saiu correndo e só foi entender a mancada que tinha dado quando contou o episódio para a namorada brasileira.

MORAL DA HISTÓRIA

Você já deve ter notado a dificuldade que os estrangeiros enfrentam ao tentar pronunciar o ditongo "ão" em nosso idioma. Para azar deles, o "ão" aparece em quase todas as frases da língua portuguesa. Faça um pequeno exercício e pense em quantas palavras tem "ão": não, pão, chão, informação, satisfação, os nomes de todos os santos, os aumentativos etc. A lista não tem fim!

Por não existir som nasalado equivalente em inglês, os falantes nativos desse idioma acabam produzindo um som mais parecido com o ditongo "au". O "não" fica parecendo "nau", "são" tem o som de "sau" etc.

Percebeu o dilema do moço da nossa história? Agora ele é obrigado a andar cinco quarteirões a mais para comprar pão em outra padaria...

É camisinha mesmo?

Este episódio aconteceu na minha adolescência, durante um programa de intercâmbio nos Estados Unidos. Em uma aula de matemática, escrevi algo errado no caderno. Eu sempre fui uma aluna aplicada e muito caprichosa e, por isso mesmo, eu usava lápis para não correr o risco de deixar o caderno rabiscado. Naquele dia, entretanto, eu não tinha levado a minha borracha para a escola. Virei-me para o colega do lado e pedi:

— Can I borrow your rubber?

Lembro-me, como se fosse hoje, da cara que a professora fez quando me perguntou:

— A rubber?

E então eu disse:

— Yes, a rubber to erase this.

Outros colegas também olharam para mim com caras assustadas, como se estivessem pensando: "Tem certeza de que é isso mesmo que você quer?". Na hora, fiquei sem entender o porquê daquele tipo de reação.

Não demorou muito tempo para a professora perceber que eu havia trocado as palavras e que eu estava precisando de *eraser*, a palavra usada nos Estados Unidos para dizermos a "borracha" usada em sala de aula.

Alguns dias depois, conversando com a coordenadora do curso, descobri que outros alunos intercambistas haviam cometido o mesmo equívoco. Por sorte, minha professora esclareceu a confusão na mesma hora. Daquele dia em diante, eu não me confundi mais!

MORAL DA HISTÓRIA

A confusão, bastante compreensível, aconteceu porque a aluna brasileira traduziu "borracha" por *rubber*. Ela ainda não sabia que, no inglês americano, *rubber* significa "borracha", mas com o sentido de matéria prima usada na fabricação de pneus, brinquedos, utensílios domésticos etc. O outro significado de *rubber* é "camisinha", daí a reação imediata dos outros alunos.

Ventilador

Uma certa vez, em sala de aula, nossa professora perguntou para a classe:

– Quem sabe dizer "ventilador" em inglês?

Como eu era considerado pelos meus amigos o melhor da turma, todos se viraram para mim esperando uma resposta. Eles achavam que eu era o único que saberia responder. Para não decepcioná-los, me senti na obrigação de dizer alguma coisa. Criei coragem e mandei:

– *Ventilator!*

Todos ficaram calados aguardando o veredito da professora. Quando ela disse que a resposta correta era *fan*, fui obrigado a aguentar a gozação deles durante o resto do dia.

MORAL DA HISTÓRIA

Você sabia que o nosso personagem não errou totalmente? É claro que os ventiladores de teto e portáteis, aparelhos usados para amenizar o calor nos dias quentes, são chamados de *fan* em inglês. Acontece que, em hospitais, especialmente nas UTIs, existe um outro tipo de ventilador, o aparelho que é usado por pacientes que necessitam de auxílio respiratório. Esse dispositivo é chamado de *ventilator* em inglês.

Gente, anda, levanta!

Uns cinco anos atrás mais ou menos, fui convidado para assistir a uma aula de um curso de inglês. Em um dado momento, o professor dá uma instrução para a sala:

— *Page two, in pairs, please!*
— Página dois, em dupla, por favor!

Automaticamente me levantei e fiquei sozinho no meio da sala. Todos continuaram sentados. Eu era o único que estava em pé. Virei para todo mundo e disse:

— Gente, anda, levanta!

Todos riram da minha cara e foram me explicar que a expressão *in pairs* foi usada para mostrar que o exercício deveria ser feito em dupla e não para ficar em pé na sala!

{ MORAL DA HISTÓRIA }

Micos acontecem. Fazer o quê? O importante é não darmos uma importância maior do que um equívoco desses realmente tem. Quem não arrisca e, consequentemente, não erra, leva muito mais tempo para aprender uma língua estrangeira.

100

Bomba!

Este episódio aconteceu quando eu morava em uma cidade de grande porte nos Estados Unidos. Um certo dia, eu estava caminhando com um amigo pela rua, voltando do almoço. No caminho, passamos em frente a uma loja onde, de longe, vi um doce que eu adorava. Como estávamos andando depressa e eu fiquei muito empolgada quando olhei esse doce na vitrine, peguei no braço do meu amigo americano, apontei para dentro da loja e gritei:

— *Look! Bomb!*
— Olha! Bomba!

Todos em volta se abaixaram ou saíram correndo.

MORAL DA HISTÓRIA

A "bomba de chocolate" nos Estados Unidos é *éclair* ou *Long John*. A história pode até ter certa graça depois, mas para quem vive em regiões em que as ameaças de ataques terroristas são constantes, o episódio não tem graça nenhuma. Tenha, portanto, muito cuidado na hora de usar as falsas gêmeas *bomb* [explosivo] e *pump* [aparelho de sucção].

Outro equívoco frequente acontece na hora de pronunciarmos *bomb*. Lembre-se de que a letra "b" final não é pronunciada. Logo, para dizer *bomber*, "bombardeiro" em inglês, diga /BÓ-mêr/, sem medo de errar.

101

Perdido

Um brasileiro desembarcou no aeroporto de uma grande cidade americana. Em vez de se dirigir ao ponto de encontro combinado, onde o aguardava um primo brasileiro que morava nos Estados Unidos havia mais tempo, ele acabou se perdendo dentro do terminal. Quando se deu conta, já estava na área externa do aeroporto. Caminhou por algumas ruas até encontrar um telefone público em uma esquina. Tirou do bolso um papel e discou o número. Ouviu uma voz preocupada do outro lado da linha.

— Luís? Onde você está? O Roberto está te esperando aí no aeroporto.
— Não estou mais no aeroporto. Eu me perdi.
— Como você se perdeu? Onde você está?
— Estou na rua, num telefone público! Por favor, venha me buscar. Só vejo cara desconhecida.
— Não saia de perto desse telefone. Mas em que rua você está?
— Não sei!
— Pergunta aí pra alguém!

— Como vou perguntar? Ninguém fala português aqui!

— Não tem uma placa ou uma referência?

— Espera aí...

— Procura nos postes.

— Achei! É a rua "One Way"!

— Mas isso quer dizer rua de mão única! Procura outra placa...

MORAL DA HISTÓRIA

O Luís acabou sendo "resgatado" pelo Roberto e a história teve um final feliz. O caso acabou virando piada obrigatória sempre que a família se reúne em festas e comemorações. O relato acima também serviu para você aprender ou relembrar que *one way* significa "rua de mão única".

Vale lembrar que os nomes apresentados no episódio acima, assim como os de todos os outros relatos desse livro, são fictícios.

Opinião

Gostou do livro? Tem alguma sugestão ou crítica a fazer? Encontrou algum erro de digitação? Por favor, envie sua opinião para *ulisses@teclasap.com.br*. Seu comentário será publicado nesta página nas próximas versões da obra e, é claro, me ajudará a aprimorar o conteúdo das próximas edições. Obrigado.

Conheça também do mesmo autor:

www.disaleditora.com.br

Este livro foi composto nas fontes Burbank e Filosofia
e impresso em junho de 2013 pela Yangraf Gráfica e Editora Ltda.,
sobre papel offset 90g/m².